# 38° 17' 21.9"

DMZ에서 나는 인간에 대한 예의를 배웠다

# 38°17'21.9"

좌표 38°17'21.9"N
127°06'34.2"E=화살머리고지

## DMZ에서 나는 인간에 대한 예의를 배웠다

이상철 지음

SIGONGSA

프롤로그

# 낯섦과 익숙함의 경계에서

 꿈이 장군이었다. 말을 배우기 시작한 서너 살 무렵부터 곧 예순에 이르는 오늘까지 내 꿈은 장군이었다. 어른들은 유난히 "커서 장군이 되라" 말씀하셨고, 어머니는 "너는 큰 사람이 될 거야"라고 용기를 북돋는 분이었다. 한번 흔들림 없이 내 꿈은 장군이었고, 나는 꿈을 이룬 사람이다.
 새벽 6시면 어김없이 일어나 집 주위를 산책한다. 군복을 벗은 지 일 년이 넘었는데 몸속 어딘가엔 아직 기상나팔이 남아 있는가 보다. 조금 다른 점이 있다면 그때는 씻고 먹고 바로 출근했는데 지금은 특별히 갈 데가 없다는 사실이다. 그런 자각을 할 때마다 옅은 공허감을 느낄 때도 있지만 다시 꿈을 돌아보며 각오를 다진다. 나는 전역한 것이 아니라 지휘본부를 잠시 다른 곳으로 옮겼을 뿐이라고.
 지금껏 변함없이 장군의 꿈을 갖고 살아왔지만 인생의 많은 것은 '잠시'였다. 군인은 참 많은 사람들을 만나고 헤어진다.

만나고 헤어지는 것이 임무인 직업이다. 끊임없이 새로운 병사가 입대하고 간부가 전입해 들어오니 그들과 하나가 된다. 정들었다 싶으면 작별의 순간이 찾아온다. 새로 온 병사, 간부들과 다시 새로운 관계를 맺어야 하는 일상의 임무를 갖는다.

34년 군 생활 동안 19번 이사했다. 1~2년에 한 번꼴. 나만 그런 것이 아니라 모든 군인이 그렇다. 정들 만하면 이삿짐을 싸고, 새로운 집에서 어둠 속에 형광등 스위치를 익숙하게 찾을 수 있을 정도가 되었을 때 또 이삿짐을 싸야 한다.

그래서 직업군인은 이삿짐을 완전히 풀지 않는다. 혹여 계절이 바뀌기 전에 다른 곳으로 떠날 수도 있기 때문에 계절 타는 물건은 그냥 묶어 둔다. 지난날의 흔적이 남아 있지만 당장 유용하지 않은 물건도 상자 속에 넣어 둔다. 계절이 바뀌면 집안 한 귀퉁이에 쌓여 있던 짐을 그제야 풀고, 문득 옛일이 생각나 상자를 헤쳐 추억할 때면 또 명령장이 날아온다. 어서 이사 가라고.

그렇게 옮기는 삶에 군인은 익숙하다.

그러고 보면 군인은 새로운 환경에 곧장 익숙해져야 하는 명령을 타고난 사람들이다. 전쟁이 일어나면 우리는 작전지로 달려가야 한다. 눈 감아도 현장을 훤히 그려낼 수 있을 정도로 숱한 훈련을 받은 전시 작전 지역이지만 실제로는 처음 밟는 지역이 될 수도 있다. 그런 곳에서 작전을 펼치고, 낯선 곳을 익숙하게 점령해 나가는 것을 승전보(勝戰報)로 여기는 직업이다.

낯선 곳에 은밀히 투입돼 특별한 임무를 수행하는 것 자체를 임무로 하는 군인도 있다. 그래서 군인은 '프로그래밍'이 되어 있는 사람들이라 말할 수도 있는데, 평시에 나는 무엇을 지켜야 하고 전시에 나는 어디로 달려가야 하는지, 임무의 처리 절차가 정확히 머릿속에, 자신의 일상 가운데 새겨져 있다.

어쩌면 군인은 스스로 도태되어야 하는 존재인지도 모른다. 평시에도 군인의 가치를 존중하는 사람은 많지만, 전시에 군인은 '세상을 구할' 영웅으로 부상한다. 군인이 가장 인정받는 때는, 어쨌든 냉정하게, 전쟁이 일어났을 때다. 그렇다고 전쟁을 바라는 군인이 어디 있겠나. 군인도 평화를 바란다. 평화를 '만드는' 직업이 군인이다. 평소 나의 가치가 다른 사람들에게 그리 선명하게 인정받지 못하더라도, 그런 내가 있어 오늘이 지켜진다는 생각으로, 평생 수면 위로 떠오르지 않아도 좋다는 다짐으로 지금의 자리를 지키는 직업이 군인이다.

자신은 낯선 곳에 계속 내던져지면서 다른 이들의 익숙한 일상을 지켜 줘야 하는 존재…… 나는 군인이다.

낯섦과 익숙함, 인정과 무념의 경계 속에 묵묵히 오늘을 사는 존재가 군인이다. 낯섦에 익숙해야 하고, 익숙한 일도 낯선 것처럼 처리해야 한다. 군인의 존재가 가장 유용하게 쓰이는 순간을 준비하면서도, 그런 순간이 오지 않도록 막는 것을 임무로 하는 모순의 존재다. 내가 가장 인정받을 수 있는 때를 가장 철저히 막아야 하고, 그럼에도 그 순간이 온다면 한 점 망설임 없이 달려 나가야 한다.

꿈이 장군이었다. 어릴 때부터 내 꿈은 장군이었다.

지금도 장군을 꿈꾼다.

숱한 사람들의 꿈을 지켜내는 일에 대해 생각한다.

평생 나는 꿈을 지켰고 꿈을 이뤘다. 내 꿈을 위해 가족의 꿈을 희생시킨 것은 아닌지 미안하고 먹먹할 때가 많았는데, 푸른 군복을 벗고 지난날의 흔적을 돌아보니 유난히 미안한 감정이 밀려온다.

군인은 경계 속에 회의하는 존재이지만 일단 부여받은 임무에 대해서는 조금도 의심하지 않는 존재여야 한다. 그리하여 만들어진 결과에 대해서도 가장 냉철해야 한다. 자신의 꿈에 자부

심을 갖는 존재이되, 자기 자신에게 가장 객관적이어야 하는 존재이기도 하다. 군인의 냉철함은 무작정 받아들이는 단순함에 있는 것이 아니라 평소 반복해 훈련했던 '질문' 속에 있다. 지금껏 내가 걸어온 인생을 돌아보려는 앞으로의 각오 역시 그렇다.

산책로 길섶에 코스모스가 피었다. 이사 갈 때마다 새로운 환경이었지만 어디든 집 주위엔 코스모스가 있었다는 사실을 이제야 새삼 깨닫는다. 그러고 보면 연병장을 빙 둘러 가을에 가장 흔한 꽃도 코스모스였다. 반추해 보니 34년 세월 동안 19번 이사를 다녔지만 다 다르면서 다 똑같았던 것이 지난 34년 삶이었다. 계급이 올라갈수록 꿈에 가까워졌지만 목표를 이루고 나서도 각오는 달라지지 않았다. 이래서 꿈은 존재하는구나. 나를 일관되게 만든다.

매번 집이 바뀌어도 일상은 달라지지 않았고, 숱한 근무지를 옮겨 다니며 새로운 임무와 조건이 주어졌지만 내가 지켜야 할 것에는 언제나 뚜렷한 공통점이 있었다. 열아홉 곳의 집, 스물 몇 군데의 근무지가 결국엔 하나로 겹쳐 보인다.

오늘도 6시에 일어나 산책길에 나선다. 산책보다 구보가 익숙한 것이 군인의 삶이지만 이제는 산책에 좀 더 익숙해지려고 노력한다. 그럼에도 마음은 항상 막사 주위를 돌며 구보 중이고 심장에는 우렁찬 군가 소리가 들린다.

인내와 시간, 이 두 전사(戰士)보다 더 강한 존재는 없다.
— 레프 톨스토이, 『전쟁과 평화』

차례

프롤로그
| 낯섦과 익숙함의 경계에서 … 04

1부
| DMZ 유해 발굴 작전 … 14

1장  38선엔 철조망이 없다
　　　19-17번 유해 ……………………………… 17
　　　아무나 들어갈 수 없는 곳 ………………… 22
　　　키가 더 컸던 죄 ……………………………… 25

2장  시체 위로 시체가
　　　천연의 망루 …………………………………… 31
　　　참호에는 주인이 없다 ……………………… 33
　　　다녀오세요 …………………………………… 37

3장  완전한 작전
　　　생명과 안전 …………………………………… 42
　　　세상에서 가장 위험한 지역 ………………… 44
　　　완벽과 완전 사이 …………………………… 48

## 4장  그들을 조국의 품으로

| 인간에 대한 예의 | 54 |
| 감사합니다 | 58 |

## 5장  역곡천은 흐른다

| 무적 프랑스 대대 | 66 |
| 세월이 아무리 흘러도 | 71 |
| 우리가 더 고맙다 | 75 |

## 6장  아버지의 빈자리

| 기록에도 없는 죽음 | 80 |
| 너희 할아버지는 김일성이가 죽였다 | 84 |
| 방향이라도 알 수 있느냐 | 87 |

## 7장  기록과 기억 사이

| 자료가 다 있을 거야 | 91 |
| 되찾은 우리 땅 | 95 |
| 아버지가 운다 | 98 |

## 8장  어머니의 베개

| 어디 갔다 왔니? | 101 |
| 식모살이 | 104 |
| 기념 수건 | 107 |

**2부**

| 평화를 만드는 직업 … 112

### 9장  군인은 어떻게 만들어지는가

| 직무의 무게 …………………………………… 115
| 갑작스레 교수가 된 사연 …………………… 118
| 이유 없이 생겨난 과정은 없다 ……………… 123

### 10장  맺어질 인연은 맺어진다

| 서로 의지하며 사는 관계 …………………… 127
| 따뜻한 밥 한 공기 …………………………… 130
| 열아홉 번의 이사 …………………………… 133

### 11장  진심을 이기는 무기는 없다

| 길은 꼭 하나가 아니란다 …………………… 138
| 태도가 운명을 가른다 ……………………… 141
| 또 하나의 우연 ……………………………… 146

### 12장  인화단결: 화합하여 마음과 힘을 뭉치다

| 전선을 간다 ………………………………… 151
| 첫 중대장의 책무 …………………………… 155
| 내가 만든 것이 표준이 되었을 때 ………… 160

### 13장 아빠처럼 살기는 싫어
- 군인이어서 미안하다 ·············· 165
- 그게 저예요 ·············· 169

### 14장 그럼에도 변하지 않는 것
- 사람이 사람을 바꾼다 ·············· 175
- 우직한 약속 ·············· 180

### 15장 풀코스를 완주하는 법
- 국민의 명령에 따라야 할 분명한 의무 ·········· 187
- 가장 잘하는 것에 집중하자 ·············· 191
- 마라토너가 되는 출발점 ·············· 195

### 에필로그
- 무엇을 지켰나 ··· 200
- 사랑하는 딸 은우에게 ··· 204

## 1부

DMZ 유해 발굴 작전

1장

≡ 38선엔 철조망이 없다 ≡

19-17번 유해

"사단장님, 찾았습니다!"

'단결—' 하는 경례 구호에 이어 속사포 같은 보고가 뒤따랐다. 비서 역할을 하는 전속부관이다. 평소에는 과묵하고 좀 답답하다 싶을 정도로 차분한 성격의 친구인데 오늘은 무슨 일일까. 목소리에 약간 떨리는 기운마저 느껴졌다. 뭘 찾았다는 거냐는 재촉의 시선을 감지한 듯 보고가 이어졌다.

"19-17번 유해, 신원이 확인됐습니다."

모자를 벗어 책상 위에 올려놓았다. 이제 막 현장지도 일정을 시작하려던 참이었다. 지휘봉을 손에 쥔 채 의자에 몸을 싣고 한참 허공을 응시했다.

한 달 전 기초발굴팀이 뼛조각 일부를 발견한 유해가 있었다. 파헤치다 보니 비교적 완전한 형태의 유해라 정밀발굴팀이 투입돼 시간과 전투를 벌였다. 붓으로 흙을 쓰다듬듯 치워가며 조금씩, 아주 조금씩, 그렇게 한 달가량 발굴 작업을 계속한 끝에 두개골, 팔다리, 가슴뼈까지 어느 정도 사람의 형태를 갖춘 유해를 수습할 수 있었다. 발굴팀은 유해에 19-17이라는 번호를 붙였다.

몇 개월 발굴 작업을 진행하다 보면 뼛조각의 양태만 보아도 구분할 수 있게 된다. 뼛조각의 주인이 동양인인지 서양인인지. 동양인의 뼈는 쉽게 부스러졌고, 서양인의 뼈는 60년 넘는 시간이 흘렀어도 비교적 단단했다. 당시 동양인의 영양 상태가 서양인에 비해 충분하지 못했기 때문일 것이다.

19-17번은 동양인인 것은 분명해 보였다. 그렇다면 이제 세 가지 선택지가 남는다. 국군인지, 북한군인지, 중공군인지. 화살머리고지 전투에 북한군은 별로 참전하지 않았으니 국군 아니면 중공군일 게다. 주위에 인식표가 있으면 누군지 쉽게 식별할 수 있으련만 인식표가 없었고, 신분을 추정할 수 있을 만한 무기나 수통, 계급장, 피복류도 발견할 수 없었다. 그럼에도, 비록 나

중에 적군의 유해로 밝혀진다 하더라도, 정성을 다해 수습하는 것이 유해 발굴 작전의 제일 원칙이었다.

두개골은 깨져 있고 뼈마디 여기저기 구멍이 숭숭 뚫린 것으로 보아 19-17번은 다발성 골절을 입은 것으로 보였다. 몸에 포탄을 직격으로 맞은 것이다. 외마디 비명도 지르지 못했을 것이다. 어떤 병사였을까. 어떤 청춘이었을까. 무슨 사연을 안고 있을까. 화살머리고지는 땅을 슬쩍 파헤쳐 보아도 그런 뼛조각이 사방에서 나온다. 국군이었든 인민군이었든 중공군이었든, 혹은 미군, 영국군, 프랑스군, 유엔 참전국 어느 나라 병사였든지, 60년의 시간이 지나서는 똑같은 뼛조각으로 남아 있다.

"가족은?"

"생존해 계십니다!"

안심하며 고개를 끄덕였다. 하긴 유해의 신원이 밝혀졌다는 것은 우리 국군이라는 뜻이고, 직계 가족이나 친척이 생존해 계신다는 뜻이다.

"가자."

부관이 어리둥절한 눈빛으로 바라봤다. 어딜 가느냐는 물음이 담겼다.

"오늘 일정대로 움직여야지."

사령부 앞에 대기 중인 지프차에 올랐다. 그러고 보니 오늘 일정은 화살머리고지 GOP와 GP를 둘러보는 동선이다.
19-17번이 묻혀 있던 곳이다.

"어느 나라 병사였든지,
60년의 시간이 지나서는 똑같은 뼛조각으로 남아 있다."

## 아무나 들어갈 수 없는 곳

'휴전선'이 맞느냐, '38선'이 맞느냐.

둘 중 하나를 고르라면 휴전선이 더 맞다. 해방 직후 미국과 소련이 북위 38도선을 기준으로 지도상에 직선으로 줄을 그어 남북을 분할했다가, 6.25전쟁이 일어났고, 정전협정 체결 당시 점령하던 지역을 중심으로 '현상 유지'에 합의하면서 군사분계선(MDL)이 생겨났다.

따라서 정확히 말하자면 남북의 경계는 MDL이다. MDL은 북위 38도선보다 위도상으로 남쪽에 있기도 하고, 더 북쪽에 있기도 한다. 전쟁으로 밀고 밀리다 '지금부터 그만!'이라는 시점에 멈췄기 때문이다. 그리하여 MDL은 서쪽에서 동쪽으로 우상향하는 모양이다. 정전협정의 결과로 우리는 개성과 황해도 일부 지역을 잃었으나 경기도 연천과 강원도 철원, 화천, 양구, 인제, 고성, 양양 등지를 자유 대한민국의 품 안에 둘 수 있었다.

화살머리고지는 강원도 철원에 있다.

흔히 '휴전선'이라고 하면 철조망이 있고, 철조망 하나를 경계로 남북 병사들이 대치하고 있는 풍경을 떠올린다. 그러나 그러한 휴전선은 없다.

38선이 가상의 분단선이라면 MDL은 말뚝 박은 휴전선이다. MDL에는 철조망이 없다. 정전협정 당시 서로 합의한 경계에 급히 말뚝을 박았으니까. 휴전선 동서 약 238㎞ 구간에 말뚝 1,292개를 박았는데, 말뚝에 달린 팻말에 '군사분계선'이란 글자가 적혀 있다. 우리가 696개, 북한군이 596개 말뚝을 관리한다. 세월이 흐르면서 부식되거나 유실돼 이제는 MDL도 지도상에만 존재하는 경계선이 되어 가고 있다.

MDL을 기준으로 남쪽 2㎞를 남방한계선, 북쪽 2㎞는 북방한계선이라 부른다. 남북은 그곳에 각각 철조망을 세웠다. 그렇게 남북 철조망 사이 4㎞ 공간이 우리가 흔히 비무장지대(DMZ)라고 부르는 공간이다. 누구든 일체 군사 활동을 할 수 없는, 일종의 완충지역이다.

DMZ 안으로는 민간인은 물론 일반적인 군인조차 함부로 들어갈 수 없다. 수색부대 등 특수한 임무를 가진 군인만 남방한계선 철책 곳곳에 있는 '통문'이라는 문을 열고 출입할 수 있다.

DMZ 내부에서 군사 활동을 할 수 없도록 정전협정에 합의했기 때문에 출입 인원의 가슴에는 '민정경찰 - DMZ POLICE'라는 명찰을 단다. 군인인데 군인이 아니고 경찰이라는 뜻이다. '군사경찰 MP'라는 완장도 찬다. 군사적인 작전이 아니라 치안 업무를 수행한다는 뜻이다. 북한도 우리와 똑같이 그렇게 한다. 누가 먼저랄 것도 없이, 서로 간에 약속된 거짓말인 셈이다.

노루가 뛰놀고 멧돼지가 돌아다니니 DMZ를 수목이 무성한 밀림지대라 상상하는 사람도 많지만 전혀 그렇지 않다.

DMZ는 아프리카 초원 정도로 상상하면 될 것이다. DMZ 내부에 수목과 잡초가 무성하면 남방한계선에서 북쪽을 경계하는 병사들의 시야가 가로막힌다. 따라서 수시로 들어가 잡목을 제거해 줘야 한다. 북한도 똑같이 그렇게 한다. 북한은 DMZ 북쪽에 불을 질러 잡목을 제거하기도 하는데, 바람이 남쪽으로 불 때만을 골라 '작업'을 실시한다. 화공(火攻)이다. 우리도 방어적 개념에서 맞불을 놓는다.

화살머리고지는 그러한 DMZ 안에 위치하고 있다.

화살머리고지는 6.25전쟁이 끝날 당시 우리가 점령하고 있었으므로 분명한 우리 영토지만, DMZ 안에 있으므로 거기 묻혀 있는 유해를 차마 수습할 겨를이 없었다. 그렇게 화살머리고지에는 아군과 적군, 동양인과 서양인, 청년과 노병의 뼛조각이 뒤섞여 구천을 떠돌았다. DMZ에 드나들거나 상주하는 아주 소수 인원만 그들과 영혼의 끈을 잇고 있었고, 노루, 멧돼지, 꾀꼬리, 소쩍새가 원혼의 오랜 벗이었다.

## 키가 더 컸던 죄

　　DMZ 안에 묻혀 있는 유골을 발굴해야 한다는 의견은 오래 전부터 있었다. 그러나 누가 감히 철책을 열고 들어가, 한가하게(?) 죽은 자의 뼛조각을 찾아내고 있을 텐가. 상상 속에서나 가능한 일이었다.

　　그랬던 바람이 현실이 된 것은 남북한 정상의 합의에 의해서였다. 2018년 4월 27일, 문재인 대통령과 북한의 김정은이 이른바 '판문점 선언'을 했다. 판문점 평화의 집에서 만나, "한반도의 항구적이며 공고한 평화체제 구축을 위하여 적극 협력해 나갈 것"을 약속한 것이다. 그로부터 5개월 뒤, 이번에는 남한 국방부장관과 북한 인민무력상이 평양에서 만나 9.19 군사합의서에 서명했다. 그리하여 시작된 일이 DMZ 안에 잠들어 있는 유해를 발굴하는 사업이었다. 그것도 남북이 '함께(!)' 유해를 발굴하자는 약속이었다. 정말 상상 속에서나 가능하던, 아니 상상조차 할 수 없던 합의 아닌가. 어찌 그렇지 않은가. 남한 단독도 아니고 남북 '공동'으로 말이다.

　　우리는 신속하게 움직였다. 남북이 유해를 발굴하려면 제거할 장애물이 한둘이 아니었다. 무엇보다, DMZ 곳곳에 있는 지뢰 지대를 제거해야 한다. 남북이 공동으로 유해를 발굴할 구체적인 지점을 설정해야 하고, 그곳까지 닿는 도로를 가설해야 한다. 다리를 새로 놓는 경우가 생길 수도 있다. 기존 도로가 있더라도 사람의 발길이 닿지 않는 채 70년 동안이나 방치되어 있었으니 새로 포장 공사를 해야 한다.

모든 것이 처음이자 새로운 일이다.

지뢰 제거반이 들어가야 하고, 공병대가 투입돼야 한다. 유해 발굴단이 투입되는 것은 물론이다. 기초적인 발굴 작업을 진행하는 장병들이 있어야 하고, 유해의 흔적을 발견하면 전문 발굴팀이 들어가 세부 작업을 진행한다. 언제 어디서 돌발적인 상황이 벌어질지 모르니 작업 과정 시작부터 끝까지 발굴팀을 보호하는 경계 병력이 있어야 한다. 의료 지원 병력, 통신 지원 병력, 식사와 간식을 보급하는 병력까지 있어야 한다. 작은 부대의 힘으로는 할 수 없는, 그야말로 대규모 '작전'이다.

공동 발굴 지역은 화살머리고지로 정해졌다.

우리는 정말 신속하게, 그리고 성의 있게 움직였다. 2018년 10월 2일 화살머리고지에서 유해 발굴 작전에 대한 언론 브리핑을 진행했고, 곧장 지뢰 제거 작업을 시작했다. 60년 넘은 지뢰와 불발탄까지 찾아 하나도 빠짐없이 제거해야 하고, 한 치 실수도 없어야 하는, 치밀한 작전이었다. 10월 23일부터는 공병들이 투입돼 군사분계선까지 도로를 잇는 공사를 시작했다.

북한군도 처음에는 성의 있게 움직이는 것처럼 보였다. 그들도 남쪽으로 도로를 놓아, 비무장지대 안에 총연장 3㎞, 남북을 하나로 잇는 도로가 생겨났다. 그해 11월 16일에는 역사적인 사진이 한 장 남기도 했다. 남북 도로를 연결하는 과정에 남북 군사 지휘관이 MDL에서 만나 악수를 나누는 모습이었다. 연출된 장면이 아니고 정말 우연한 만남이었다.

북한이 한 일은 딱 거기까지였다. 그 뒤로 북한군은 화살머리고지 현장에는 나타나지 않았다. 남북 군인이 함께 붓을 쥐고 유골의 흙을 털어내는 감동적인 사진 같은 것은 찍을 수 없었다. 함께 축구를 하자고 약속해 놓고, 함께 운동장까지 만들어 놓고, 막상 경기 당일에는 나타나지 않은 셈이다.

북한은 왜 유해 발굴 현장에 나타나지 않았을까.

MDL에서 우리 국군과 만나 악수를 나눈 북한군 장교(여단장)는 그 뒤로 숙청되었다는 소문이 들렸다. 총살되었다고도 한다. 그가 우리 지휘관보다 키가 커서 악수하는 도중에 허리를 약간 굽혔다는데, 그것 때문이라고 했다.

무심코 적에게 허리를 굽혔다고 산 사람의 생명을 앗아가는 사회가 60년 전에 죽은 사람의 뼛조각을 찾는 일에 진심일 수 있었을까?

화살머리고지에는 '단독' 유해 발굴 작전이 3년간 계속됐다. 우리는 MDL에서 남북 도로가 만나는 지점만 허망하게 바라보며, 오지 않는 그들을 기다렸다.

"DMZ에 드나들거나 상주하는 아주 소수 인원만
그들과 영혼의 끈을 잇고 있었고,
노루, 멧돼지, 꾀꼬리, 소쩍새가 원혼의 오랜 벗이었다."

"작은 부대의 힘으로는 할 수 없는, 그야말로 대규모 '작전'이다."

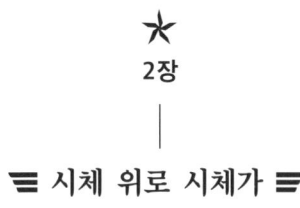

# 2장
## ≡ 시체 위로 시체가 ≡

**천연의 망루**

화살머리고지는 지형이 화살머리처럼 생겼다고 해서 붙은 이름이다. 영어 애로헤드(Arrowhead)를 직역하다 보니 그렇게 되었는데, 정확히는 '화살촉'이라고 불러야 할 것이다. 하늘에서 내려보면 길쭉한 삼각형 모양이다.

화살머리고지 옆에 있는 백마고지는 백마처럼 생겼다고 해서 붙은 이름. 다른 색도 아니고 왜 백마냐면, 전쟁 중에 포탄을 하도 많이 맞아, 산이 온통 허옇게 흙으로 뒤덮인 모습이 한 마리 백마처럼 보였다고 한다. 지금은 나무가 울창한 청록 고지이지만 전쟁 중에는 무려 30만 발에 이르는 포탄이 비처럼 쏟아졌다고 하니, 백마라는 이름에서 전쟁의 상흔이 느껴진다.

화살머리고지, 백마고지는 우리가 붙인 이름이 아니다. 6.25전쟁 시기 주요 격전지가 됐던 여러 고지는 미군이 이름을 붙인 경우가 대부분이다. 펀치볼(Punch Bowl), 폭찹힐(Porkchop Hill)처럼 음식과 관련된 지명이 있는가 하면, 제인러셀(Jane Russel)고지처럼 할리우드 배우 이름을 딴 경우도 있다.

화살머리고지를 방문하신 분들이 종종 놀라 묻는다.

"이렇게 낮은 고지였어요?"

6.25때 많은 군인이 죽고 다친 역사적인 현장이라고 하길래 산세가 험하고 웅장한 고지를 상상했던가 보다. 화살머리고지는 해발 281미터에 불과하다. (백마고지는 395미터.) 서울 남산 정도 높이니까 산이 아니라 언덕(hill)이라 불러도 그리 이상할게 없는데, 이런 작은 산 하나를 차지하기 위해 수천 명이 죽어가면서 그리 치열한 전투를 벌였다고 하니 방문자들은 쉬이 납득하기 어렵다는 표정을 짓는다.

그래서 화살머리고지에 어떤 '전략적 가치' 같은 것이 있느냐고 묻는 분도 계신다. 그럴 때마다 나는 화살머리고지 전망대에 올라가 남쪽 방향을 한번 보시라고 권한다.

화살머리고지 꼭대기에 있는 전망대에서 남쪽을 바라보면

드넓은 곡창 지대가 눈에 들어온다. 지평선이 드러날 정도로 끝없이 펼쳐진 철원평야가 고지 아래 있다. 만약 화살머리고지를 빼앗겼다면, 그 넓은 평야 지대를 모두 빼앗겼을 것이다. 화살머리고지를 뺏겼다는 보고를 듣고 김일성이 사흘간 식음을 전폐하며 씩씩거렸다는 소문이 이해가 된다.

고지는 천연의 망루다. 고지 하나를 빼앗기면 시선이 닿는 후방 몇 킬로미터를 잃는다. 그 후방을 잃으면 뒤에 이어지는 후방을 또 잃을 수도 있다. '저거 하나 얻으려고 그 많은 사람이 죽어야만 했을까?' 할 수 있는 대목이 아니다.

그런 사실을 알고 철원평야를 바라보면 노랗게 익어가는 나락 위를 스치고 지나가는 바람 한 줄기마저 허투루 느껴지지 않는다. 철원뿐인가. 우리가 지금 발 딛고 서 있는 모든 땅이 그렇다. '국토'는 그렇게 만들어진다.

## 참호에는 주인이 없다

19-17번은 2019년에 17번째로 발견한 유해라는 뜻으로 우리가 붙인 '관리번호'다. 그해 우리는 화살머리고지에서만 261구의 유해를 발견했고, 그들 대부분은 주인이 누구인지, 아

군인지 적군인지조차 식별할 수 없었다.

　19-17번 유해의 신원을 확인하게 된 것은 과학기술의 발달 덕분이다. 2000년대 들어 본격적으로 국군 유해 발굴 사업을 시작한 우리 정부는 6.25전쟁 중 전사했으나 시신을 찾지 못한 유가족들의 DNA 시료를 꾸준히 채취해 왔다. 발굴단이 유해를 발견하면 뼈에서 채취한 DNA와 정부에서 축적한 데이터베이스를 비교해 관리번호의 진짜 이름을 찾는 작업이 이어진다. 화살머리고지 차가운 땅속에 60년 넘게 묻혀 있던 19-17번의 주인공도 그리하여 온전한 이름을 되찾을 수 있었다.

　육군 제2사단 32연대 이등중사 남궁선.

　이것이 DNA 대조를 통해 확인된 19-17번의 신원이다.

　6.25전쟁의 포성이 멈추기 1년 3개월 전인 1952년 4월 30일 입대한 남궁선 이등중사는 슬하에 1남 1녀를 둔 스물세 살 젊은 아빠였다. 생때같은 자식들을 남겨 두고 아빠가 군대에 갈 때 아들은 세 살 꼬마였고, 그 뒤로 아들은 영영 아빠의 얼굴을 만져 볼 수 없었다.

　남궁선 이등중사 유해의 일부가 처음 발견된 날은 2019년 4월 12일이었다. 워낙 많은 유골이 발굴되다 보니 나는 그날은 특별한 보고를 받지는 않았다. 우측 팔 부분이 지표에 먼저 드러났다고 했고, 땅속을 파헤쳐 보니 대피호의 흔적이 보였다는 보고는 나중에 들었다. 정밀 발굴팀이 투입됐다. 대피호를 중심으로 사방을 파헤쳐 나머지 유골을 찾기 시작했다. 그때부터 유해에는 19-17번이라는 관리번호가 붙었고, 19-17번의 이름을 찾기 위한 DNA 수색 작전도 시작됐다.

머리에서 시작해 팔, 가슴, 다리까지 해부학적 연속성이 유지되는 유해를 '완전유해'라고 부른다. 19-17번은 2019년 5월 30일 완전유해 형태로 최종 수습되었다. 유해 발굴 48일 만에, 땅속에 묻힌 지 66년 만에, 남궁선 이등중사는 자신이 몸을 숨긴 대피호를 빠져나올 수 있었다.

전투가 벌어지면 수많은 참호가 생겨난다. 참호는 무서워서 피하려고 만든 구조물이 아니다. '땅'이 작전의 무대인 보병에게 참호는 작전의 시작이자 끝이다.

고지전에 참호의 중요성은 더욱 커진다. 고지를 점령하고 있는 쪽에서는, 참호를 배경으로, 수호자 입장에서 적 병력을 맞는다. 당연한 이치지만 고지전에선 공격보다 방어가 더 쉽다. 참호 안에 몸을 숨기고, 다가오는 적을 향해 조준만 하면 되는 거니까. 공격하는 쪽에서는 고지를 점령하기 위해 막대한 희생을 각오해야 한다. 따라서 공격하는 측에서는 대규모 포격이나 폭격으로 일단 참호부터 제압하고 보병을 투입하는 것이 고지전의 정석이다. 남궁선 이등중사는 그런 과정에 전사했을 것이다.

그런 이유로, 고지의 주인이 몇 번 바뀌다 보면 참호 주위엔 포탄의 흔적이 가득하다. 포탄은 참호를 찢어 놓는다. 어제의 적 참호는 오늘 우리 것이 되고, 오늘 우리가 다져 놓은 참호는 내일 적들에게 유용하게 쓰일 수도 있는 일이다. 그럼에도 오늘 나를 지켜 주는 참호를 단단히 다지고 세운다. 참호에는 주인이 없다. 화살머리고지, 백마고지 전투에서는 그렇게 수차례 주인이 바뀌었던 것이다.

참호에 몇 가지 종류가 있다. 흔히 트렌치(trench)라 부르는 일반적인 참호가 있고, 참호에 덮개를 씌워 포화를 피하도록 만든 대피호가 있다. 한두 사람이 들어갈 정도로 작은 참호가 곳곳에 여우굴처럼 생겨나기도 한다. 그러한 참호와 참호 사이를 연결하는 통로가 필요한데, 이를 교통호라고 부른다. 교통호를 통해 장병들은 무기와 탄약, 부식 등을 운반한다. 교통호는 일반적인 참호보다 얕게 굴토한다.

화살머리고지는 '참호의 전시장'이라 불러도 될 정도로 다양한 참호가 있는 곳이다. 유해 발굴 작전을 펼치다 보니 참호마다 유해가 수두룩했다. 그중에서도 교통호가 발견됐다고 하면 대원들은 긴장할 수밖에 없었다. 교통호는 깊이가 깊지 않아 몸을 은폐하기 쉽지 않으니 다른 참호보다 훨씬 많은 유해가 줄지어 쏟아져 나왔기 때문이다. 무기를 들고 참호를 옮겨 가다가,

탄약을 나르다가, 연락을 주고받다가, 어디선가 날아든 총포탄을 맞고 쓰러진 주검일 것이다. 시체를 치울 틈도 없이 새로운 주인이 참호를 차지했고, 시체 위로 시체가 쌓였다. 그것을 다시 참호로 삼았다. 화살머리고지의 어느 교통호에서는 서른 구 가까운 유해가 한꺼번에 발견되기도 했다.

남궁선 이등중사는 무너진 대피호 가운데 발견됐다. 대피호의 마지막 주인이었던 셈이다. 구멍 뚫린 철모 이외에 다른 개인장비가 발견되지 않아 — 철모는 국군의 것이었다 — 유가족 DNA 데이터베이스에 들어 있는 10만여 명의 시료와 대조하고 나서야 가족을 찾을 수 있었다. 1949년에 태어난 아들은 70세가 되어 있었다.

칠순 아들이 스물셋 아버지를 어루만질 수 있게 되었다.


**다녀오세요**

남궁선 이등중사는 1953년 7월 9일 전사했다. 정전협정이 체결되기 18일 전이다. 보름만 무사했더라면, 아니 이틀만 버텼더라도 그는 아들을 만날 수 있었을 것이다. 화살머리고지 전투가 7월 11일에 끝났기 때문이다.

1953년 7월 9일은 격전의 날이었다. 그날 국군은 화살머리고지를 한 차례 빼앗겼다. 중공군에 피탈당한 고지는 7월 11월 새벽 탈환 작전을 통해 국군이 다시 점령했고, 그렇게 점령한 화살머리고지는 MDL 남쪽 지역으로 최종 확정되었다.

사람들은 묻는다. 1953년 7월 즈음이면 정전이 코앞이라는 사실을 누구나 알 수 있었을 텐데 군인들이 막판까지 그렇게 무모한 전투를 벌였던 이유는 뭐냐고. 그에 대한 대답은 자명하다. 질문 속에 답이 들어 있다. "정전이 코앞"이었기 때문이다.

이 부분을 설명하려면 한국전쟁사를 간단히 언급하는 수밖에 없다. 한국전쟁을 한 문단으로 정리하자면 '남쪽 끝까지 밀렸다가, 북한 끝까지 밀고 올라가서, 다시 중부지역까지 밀렸다가, 북위 38도선 인근에서 고착된 전쟁'이다. 전쟁이 일어난 날짜는 1950년 6월 25일, 남쪽 끝까지 밀렸다가 서울을 처음 탈환한 날짜는 1950년 9월 28일, 다시 밀렸다가 서울을 재탈환한 날짜는 1951년 3월 14일이다. 정전을 위한 회담은 1951년 7월 10일부터 시작됐다.

따라서 우리 국민이 전국적 범위에서 전쟁을 겪은 기간은 1950년 6월에서 1951년 3월까지 약 10개월 정도다. 나머지 2년은 고착된 전선에서 봉우리 몇 개를 더 얻느냐 마느냐 하는 지루한 — 그러면서도 끊임없이 치열한 — 전투가 이어졌다. 북한

입장에서는 6.25전쟁 이전에 차지하고 있던 지역을 원상회복하고 전쟁을 마치려 몸부림을 쳤던 것이고, 강원도 철원을 위시한 평야 지대와 교통 요충지는 그들 입장에서는 반드시 되찾아야 할 땅이었다.

화살머리고지에서 북쪽 13㎞ 지점, 즉 북한이 점령하고 있는 지역에 고암산이라는 산이 있다. 해발 780미터 높이인 고암산 봉우리를 북한에서는 '김일성 고지'라고 부른다. 6.25전쟁 말미에 김일성이 직접 그곳에 올라가 전투를 지휘했다는 설이 있다. 정전협정 체결이 다가올수록 북한이 강원도 철원 일대를 갖고 싶어 얼마나 애면글면했는지 알 수 있는 대목이다.

내가 화살머리고지와 처음 인연을 맺은 때는 37살 소령 계급일 때다. GOP 대대 작전과장으로 통문을 열고 DMZ 안으로 들어가는데, 깜깜한 밤하늘에 조명탄이 날아오르고 화살머리고지 위로 무수한 포탄이 쏟아지는 광경이 상상 속에 그려졌다.

문득 이런 생각을 했다.

그때 참호 안에 웅크리고 있던 병사들은 무슨 생각을 했을까. 박격포 소리에 귀를 틀어막고 눈앞의 죽음과 맞서 싸우면서 그들은 누구의 안녕과 무사를 빌었을까.

그때 나에게는 10살, 8살 된 딸과 아들이 있었다. 아직 자고 있는 아이들의 머리를 쓰다듬고 출근길에 나설 때면 아내는 늘 문 앞까지 따라나와 "다녀오세요"라고 조용한 인사를 건네곤 했다.

전쟁터로 떠날 때, 남궁선 이등중사가 가족에게 들었던 작별의 말도 똑같지 않았을까.

다녀오세요. 그 말에 들어 있는 무게를 돌아보곤 한다.

"유해 발굴 48일 만에, 땅속에 묻힌 지 66년 만에,
남궁선 이등중사는 자신이 몸을 숨긴 대피호를 빠져나올 수 있었다."

# 3장
## ≡ 완전한 작전 ≡

**생명과 안전**

<밴드 오브 브라더스>라는 드라마가 있다. 미 육군 제101 공수사단 506연대 소속 이지중대 대원들을 주인공으로 하는 10부작 드라마인데, 제2차 세계대전 당시 유럽 전선에 투입된 이지중대가 노르망디 상륙 작전부터 종전까지 활약하는 과정을 생생하게 담고 있다. 실화에 뿌리를 두고 있다.

군인이니 더욱 관심을 갖고 볼 수밖에 없는 드라마였는데, 모든 에피소드가 훌륭하지만, 종전 직후를 묘사하는 마지막 제10화를 나로서는 특히 흥미롭게 봤다.

전쟁이 끝나면 군인들의 기강이 해이해지면서 사고가 잇따르기 마련이다. 그동안 숱한 전투를 치르며 불사조처럼 살아남은 용사들이 교통사고나 총기 오발 사고 같은 일로 죽는다면 이 얼마나 허망한가. 10화는 그런 사례들을 보여 준다.

지휘관 입장에서 비전투손실은 참으로 안타까운 일이다. 힘껏 싸우다 병력을 잃는 일도 물론 안타깝지만, 전장 이외의 장소에서 병력을 잃는 사고는 얼마나 허무한가.

실전에 대비해 병력을 강인하게 키우고, 그러면서도 안전하게 유지하는 것이 지휘관의 책무다. 그렇다고 지나치게 안전을 추구해 군인 본연의 임무를 수행하는 데 소홀해서도 안 될 것이다. 그러한 완급 조절을 잘하는 것이 지휘관의 능력이다.

이런 질문을 듣곤 했다.

"군인은 죽음이 두렵지 않습니까?"

왜 두렵지 않겠는가. 군인도 죽음이 두렵다. 그러나 군인은 죽음이 두렵지 않도록 '훈련되는' 존재이기도 하다.

군인이 죽음 앞에 초연할 수 있는 것은 목숨을 걸고 지켜야 할 '가치'의 중요성을 분명히 깨닫고 있기 때문이다. 평소 군대에서는 생명과 안전의 중요성을 철저히 강조한다. 생명과 안전의 중요성을 강조하는 이유는, 단순히 무사고 기록을 세우기 위해서가 아니라, 우리가 지켜야 할 가치가 바로 거기에 있기 때문이다.

자신의 생명과 안전을 허투루 여기는 사람이 다른 사람의 그것을 잘 지켜낼 수 있을까? 그래서 먼저 '너 자신을 지키라'고 반복해 강조하는 것이고, 뒤이어 타인의 생명과 안전을 지키는 일의 소중함을 주입한다. 그렇게 소중한 '모두의' 생명과 안전을 지키기 위해 헌신 분투할 것을 강조한다.

세상에 귀하지 않은 생명, 소중하지 않은 안전이 어디 있겠는가. 그렇게 소중한 생명과 안전을 지키기 위해 자신의 목숨까지 바칠 수 있음을, 군인은 철저히 훈련받는다. 그래서 군인은 생명을 경시하는 직업이 아니라 생명을 가장 중시하는 직업이다. 생명의 가치를 알기에, 생명을 목숨 걸고 지키려는 것이다. 안전의 가치를 알기에, 안전을 목숨 걸고 지키려는 직업이다.

안전을 지키는 것. 그것이 안보(安保)다.

### 세상에서 가장 위험한 지역

유해 발굴 작전에 투입된 대원들에게 내가 항상 강조했던 것은 안전이었다. 죽은 자의 유해를 찾는 일도 중요하지만 산 사람의 목숨보다 귀하겠는가. 첫째도 안전, 둘째도 안전, 셋째도 안전을 강조했다.

DMZ는 생각보다 복잡하다.

우선 DMZ 내부 구조를 소개해야겠다.

군사분계선(MDL) 남쪽 2㎞ 지점인 남방한계선에 기나긴 철책이 있다. 사람들이 흔히 '휴전선'이라고 부르는 철책이다. 방송이나 뉴스에 전방부대가 등장할 때 화면에 드러나는 철조망은 대부분 이 남방한계선 철책이다.

남방한계선 철책을 지키는 초소를 GOP(General Out-Post)라고 부른다. 이름 그대로 일반적인(general) 초소로, 보통 1개 소초에 1대 소대 병력이 상주한다. 사람들이 흔히 '휴전선을 지키는 국군'이라고 연상하는 군인은 이 GOP 장병들이다.

남방한계선에 이렇게 철책이 있다는 사실은 누구나 알고 있지만 DMZ 내부에도 철책이 있다는 사실을 알고 있는 사람은 그리 많지 않다. DMZ에는 '추진 철책'이라는 구조물이 곳곳에 있다.

DMZ 내부에도 초소가 있다. 원래 정전협정상으로는 DMZ 안에서 일체 군사적인 활동을 할 수 없도록 규정하고 있지만, 엄밀히 말하자면 정전협정을 위반하며 초소를 설치한 것이다. (북한도 똑같이 그렇게 한다.)

남북이 정전협정을 잘 지켰다면 원래 DMZ 안에는 아무

것도 없어야 한다. 따라서 남북 초소 간 — 남한 GOP와 북한 GOP 사이 거리가 4km는 되어야 정상이다. 그것이 DMZ의 원래 취지다. 그런데 남북이 DMZ 안에 서로 GP(Guard Post)라는 특별한 초소를 만들어 운용하다 보니 우리 국군과 북한군 초소 사이 직선거리가 1km가 안 되는 지역이 있을 정도다. 건장한 성인 남자가 힘껏 뛰어가면 4~5분 정도면 닿을 수 있는 거리. 그야말로 '코 닿을' 거리다. 그래서 GP를 보호하려는 목적 등에서 또 다른 철책을 만들어 놓았다. 바로 추진 철책이다. MDL 쪽으로 좀 더 밀고 올라간다는 뜻이다.

GP는 DMZ 안에 떠 있는 섬과도 같다. GP에 들어가려면 남방한계선 철책에 있는 통문을 열고 DMZ 안으로 진입해야 하기 때문에, 한번 GP에 배치받으면 몇 개월은 빠져나오지 못하게 되어 있다. 그렇게 2~3개월 주기로 순환 근무를 하는 것이다.

GOP 근무도 고단하지만 GP 근무는 난이도가 더 높다. 사방이 지뢰와 불발탄, 전쟁이 멈추고 미처 수거해 가지 못한 것들로 가득한 광야에 갇혀 살듯 지내야 하기 때문이다. 황야에 유폐되었다고나 할까. GP 건물 바깥으로 한 발자국도 함부로 나다닐 수 없게 되어 있다.

'DMZ 유해 발굴 작전'이라고 하니까 굉장히 한가로운 작전이라고 오해하기 쉬운데, 세상에서 가장 위험한 지역인 DMZ

에서 이루어지는 작전이기 때문에 난이도가 극한에 가깝다. 우리가 무장으로 맞서는 작전도 아니고, 북한군 바로 코앞에서 이루어지는 비전투 작전이다. 임무의 긴장도가 등골을 오싹하게 만든다.

부비트랩이라는 무기가 있다. 영화나 드라마에서 많이 봤을 것이다. 가느다란 실이나 구조물 같은 것을 건드리면 자동으로 폭발하는 장치 말이다. 남북이 공동으로 유해를 발굴하자고 합의했지만 북한이 약속을 지키지 않았기 때문에, 혹시 발굴을 방해하려는 목적에 부비트랩 같은 것을 설치할 수도 있는 일이었다. MDL엔 철책이 없으니 밤중에 우리 영역으로 넘어와 무슨 짓을 저지를지 모르는 지역이 DMZ다. 유해 발굴 작전 기간에 일어났던 일은 아니지만 실제 북한이 우리 추진 철책 통문에 목함지뢰를 설치해 여러 인원을 다치게 만든 사건도 있었다.

안전에 만전을 기해야 하는 것이 DMZ 유해 발굴 작전이다. 그래서 아침에 대원들을 투입할 때마다 "안전! 안전! 안전!"을 강조했다. 안전보다 중요한 가치는 없다.

## 완벽과 완전 사이

발굴은 낮에 이뤄지지만 작전은 24시간 쉬지 않는다.

굳이 시작점을 잡자면, DMZ 유해 발굴 작전은 매일 새벽 4시경에 시작했다. 왜 그렇게 이른 시간에 작전이 개시되냐면, 맨 먼저 수색부대가 투입되기 때문이다. 야간에도 매복 부대를 운용하지만 아직 사위가 깜깜한 새벽에 수색부대가 먼저 작전 지역에 들어가 정황을 살핀다. 오늘 유해 발굴을 하는데 위해 요소는 없는지, 밤중에 적들이 침입해 무언가 음흉한 시도를 하지는 않았는지, 특이 동향은 없는지, 꼼꼼히 점검하는 것이다.

매일 새벽 5시에 사단 사령부에서 위험성 평가 회의가 열린다. 수색부대의 매복 결과를 듣고, 부대 준비 상황, 기상 요건 등을 종합적으로 판단해 오늘 유해 발굴 작업을 진행해도 되겠는지 최종 결정하는 절차다. 그런 회의를 매일 2회, 아침저녁으로 실시했다. 안전이 확인되지 않으면 작전을 진행하지 않는다. 안전이 확인되면 "1시간 뒤에 출발한다"는 식으로 각급 부대에 준비 명령이 하달된다.

발굴단 전 병력이 연병장에 집결한다. 인원과 장비를 확인하고 각자가 맡은 임무를 되새긴 후, 오늘도 완전한 작전을 수행하자고 다짐하는 것으로 매일 아침 출정식을 실시했다. "안전!

안전! 안전!"을 강조하고 나면 부대별로 차량에 탑승해 DMZ로 향한다. 산 자의 안전과 정성으로 죽은 자의 명예를 되찾는 일이었다.

발굴팀은 크게 둘로 나뉘었다. 기초발굴팀과 정밀발굴팀. 오렌지색 헬멧을 쓴 기초발굴팀은 호미와 야전삽을 들고 유해가 있을 것으로 추정되는 지점의 토양을 초벌로 걷어내는 작업을 수행했다. 유해가 다칠 수도 있기 때문에 굉장히 조심스럽게 진행해야 하는 작업이다.

유해가 발견되면 검정 조끼를 입은 정밀발굴단이 투입된다. 이번에는 붓으로, 조금이라도 긁힐세라, 굉장히 신중하게 발굴 작업을 이어간다. 유해 하나를 완전히 발굴하는 데 몇 주 혹은 몇 개월이 걸리기도 한다. 남궁선 이등중사의 경우는 발굴에 48일이 소요됐다. 그야말로 인내심과의 전투다.

발굴 지역에서는 유해만 나오는 것이 아니다. 수많은 무기와 장비, 의류, 부속품이 쏟아진다. 불발탄도 숱하게 등장했다. 아직 녹슬지 않은 총알이 가득 든 탄통이 땅속에 발견되기도 하고, 동굴형 진지에서 수류탄이 수십 발 발견돼 모두를 놀라게 만들기도 했다.

조금이라도 이상한 물건이 눈에 띄면 모든 작업은 중단되었다. 유해 발굴 인원은 현장에서 멀찍이 떨어지고, 대신 폭발물제거반(EOD)이 투입된다. 60년 동안 사람의 손길이 닿지 않은 채 방치됐던 것이 사방에 널려 있으니 언제 어디서 어떤 일이 벌어질지 모르는 일이다. 4년 여의 유해 발굴 기간 동안 단 한 건의 폭발 사고도 발생하지 않은 것은 두고두고 하늘에 감사해야 할 일이다.

DMZ 안에서 이루어지는 작전이다 보니 투입되는 모든 병력은 방탄복에 방탄헬멧을 착용해야 했다. 방탄복 무게가 3kg쯤 된다. 거기에 방탄판까지 완전히 끼워 넣으면 11kg이 넘는다. 그걸 걸치고 아침마다 화살머리고지를 톺아 오른다고 생각해 보라. 임무에 따라 개인적으로 지참하는 화기, 장비, 특수복장 등을 포함하면 20kg에 달하는 것들을 이고 지고 고지를 기어오른다.

북한군이 목전에 있기 때문에 방탄복과 방탄헬멧은 작업하는 내내 입고 있어야 했다. 휴식 시간에도 벗으면 안 된다. 2020년부터는 코로나19 팬데믹으로 인해 마스크까지 써야 했다. 땀방울이 정말 비 오듯 쏟아진다. 그 자체가 예민한 작업인 데다, 작업 환경도 세상에서 가장 위험한 지역 안에서 이루어지는 일이니 각자 스트레스 지수가 굉장히 높을 수밖에 없었다. 그럼에도 4년 동안 단 한 건의 안전사고나 악성 민원이 발생하지 않은 것은 작전에 참여했던 모든 대원들에게 정말 감사할 일이다.

군에 '완전작전'이라는 표현이 있다. 한 치 빈틈없이, 아군의 희생을 최소화하면서 적에게 치명적 타격을 입힌 작전을 '완전작전'이라고 부른다. 예를 들어 육군 3사단의 3.7 완전작전이 있다. 1973년, DMZ 안에서 MDL 푯말 보수 작업을 하던 우리 용사를 적들이 총격 도발하는 사건이 벌어지자, 당시 사단장이었던 박정인 장군이 도발 원점인 북한군 GP에 포격을 명령해 적진을 초토화시켰던 작전이다. 나중에 귀순한 북한군에 따르면 당시 북한군 GP에 있던 29명 전원이 사망했다고 한다. 그 뒤로 북한군은 3사단-백골부대라고 하면 공포에 떨게 되었다.

나는 그런 것을 왜 '완벽한' 작전이 아니라 '완전한' 작전이라 부를까 하는 작은 의문이 있었다.

겨울이 되면 땅이 얼어 유해 발굴 작전을 계속할 수 없게 되었다. 그래서 매년 11월 말이 되면 우리는 그해 유해 발굴 작전을 마감하는 기념식을 가졌다. 행사 명칭은 '화살머리고지 유해 발굴 완전작전 기념식'. 그 자리에 참석해서야 '완전작전'이라는 용어의 의미를 새삼 실감할 수 있었다.

모두의 노력이 한데 모여 이룬 결실이었다. 보병, 공병, 발굴병, 위생병, 보급병, 취사병, 정비병, 해체병, 감식병……. 모든 병과(兵科)의 땀방울이 모여, 지휘부와 용사들이 상하 간에 서로 믿고 돕고 의지하면서, 함께 거둔 '완전한' 결과였다. 어느 한쪽이라도 부실했으면 작전을 정상대로 수행하지 못했을 것이다.

완벽도 좋지만 '함께 만든' 작전이 소중하다. 완전체를 이뤄 작전에 참여한 모든 대원들에게 감사 인사를 드린다. 지성이면 감천이라고, 사람의 이러한 노력과 정성에 다정하게 화답해 줬던 하늘에도 감사한다.

봄바람이 불고 땅이 풀리면 유해 발굴 작전 출정식이 열렸다. 다시 완전한 한 해가 시작됐다. 겨우내 전역한 병사가 있었고, 새로운 병사가 방탄복을 입고 빈자리를 채우면서 완전체의 일원이 됐다.

"모든 병과(兵科)의 땀방울이 모여,
지휘부와 용사들이 상하 간에 서로 믿고 돕고 의지하면서,
함께 거둔 '완전한' 결과였다."

## 4장

### ≡ 그들을 조국의 품으로 ≡

**인간에 대한 예의**

'꼭 이렇게까지 해야 할까.'

그런 생각을 아예 안 해 본 것은 아니다.

유해가 발굴되면 우리는 모든 유해를 오동나무로 만든 작은 관에 넣었다. 충격에 부서지는 것을 방지하고 습도를 유지하기 위해 모든 유해 조각을 일일이 한지로 감싸 차곡차곡 관 안에 넣었다.

조각을 채우면 관보(棺褓: 관의 뚜껑)를 덮고, 그 위에 명정(銘旌: 장례에서 고인의 관직이나 본관, 관직, 성명 등을 쓴 붉은색 깃발)까지 만들어 얹었다. 붉은 천에 흰 글씨로 만든 명정에는 '6.25 전 사자의 관'이라는 글귀가 적혀 있었다. 유해의 신원이 아군인지 적군인지 알 수 없는 경우에는 관을 흰 천으로 둘렀고, 국군으로 추정되거나 확신하는 경우에는 관 위에 태극기를 씌웠다.

그리고 약식제례를 치렀다. 아군이 분명한 경우에는 사단장인 내가 직접 제례를 주관했는데, 간단히 제례음식을 준비해 관 앞에서 경례와 묵념을 하고 술을 따르는 의식이었다. 짧은 시간이지만 망자에 대한 예를 갖추려 최대한 노력했다.

제례를 마치면 복장을 단정히 갖춘 병사가 관을 목에 걸고 차량으로 이동했다. 봉송 차량이 지나는 길목에 장병들이 일렬로 도열해 경례하는 것으로 고인이 떠나는 길을 배웅했다. 60여 년 만에 고지를 떠나는 원혼들이었다. 불교, 개신교, 천주교, 원불교 군종장교들이 나와서 각각의 종교의식에 따라 망자의 영혼을 위로해 주었다.

그렇게 땅속을 벗어난 유해는 이번에는 국방부 감식소로 보내졌다. 자신의 이름을 되찾기 위한 기나긴 시간을 그곳에서 보내야 할 것이다. 영영 이름을 알지 못하는 유해가 거의 대부분일 것이다.

유해 봉송 행사를 취재하던 기자가 한번은 이렇게 물은 적이 있다. "적일 줄도 모르는데 꼭 이렇게까지 반듯하게 예의를 갖추어야 합니까?" 나는 그렇다고 대답했다. 이런 절차는 단순히 '우리 편'에 대한 예의가 아니기 때문이다.

드라마 <밴드 오브 브라더스> 제10화에 내가 흥미롭게 본 장면이 있다. 전쟁이 끝나고 독일군이 해산할 때, 독일군 장성이 이지중대 장교를 찾아와 양해를 구한다. "당신이 허락한다면 부하들에게 간단히 몇 마디 하고 싶소." 이지중대 장교는 그러라고 한다.

패전국과 승전국의 관계이긴 하지만 3성장군이 미군 소위에게 정중히 연설을 허락받는 것도 주목할 부분이었고, 이를 흔쾌히 허락하는 미군 소위의 태도도 인상적이었다. 둘 다 절도 있는 군인의 자세를 잃지 않았고, 서로에게 정중했다. 장군은 소위에게 부탁한 것이 아니라 '미군에게' 부탁한 것이고, 소위도 미군을 대표하는 입장에서 '독일군에게' 이를 허락한 것이다.

독일군 장군은 패전으로 힘이 빠져 있는 자신의 장병들 앞에 서서 이렇게 연설한다.

"제군들! 길고도 힘든 전쟁이었다. 그대들은 조국을 위해 용감히, 훌륭하게 싸웠다. 그대들은 특별한 사람들이다. 우리는 오직 전장을 통해서만 형성되는 끈끈한 전우애로 뭉쳤다. 형제처럼 참호를 같이 쓰고, 서로를 지켜주며, 숱한 죽음을 목도하고, 고통을 이겨냈다. 나는 여러분과 함께했다는 사실을 무척 자랑스럽게 생각한다. 오래도록 평온하게 살길 바란다."

독일군 장군의 연설을 옆에서 지켜보는 미군 장병들까지 함께 엄숙해지는 장면이었다. 추구하는 가치는 달랐지만 '군인'이라는 사실에서, 그리고 전투 속에 전우애로 뭉쳤다는 측면에서 그들은 서로 같았던 것이다.

유해가 발견된 자리에 우리는 작은 비석을 세웠다. 이름이 적히지 않은 묘비였다. 그렇게 우리는 살아 있는 인간으로서 죽은 자에게 지켜야 할 예의를 끝까지 지키려 노력했다. DMZ 유해 발굴 작전은 망자에 대한 예의, 사람에 대한 예의, 군인에 대한 예의, 그리고 선대에 대한 예의를 절로 배우는 작전이었다. 산 자와 죽은 자가 인간으로, 전우로, 핏줄로 이어지는 순간이었다.

유해의 신원이 확인되면 그 자리에 세웠던 무명의 비석을 새로 바꿨다. 남궁선 이등중사가 66년간 묻혀 있던 자리에는 이름 없는 비석이 치워지고 '6.25 호국용사 고 남궁선 추모비'라는 새로운 비석이 자리 잡았다.

## 감사합니다

2018년 작전을 개시해 2021년 발굴 작전을 종료하기까지 4년 동안 우리가 화살머리고지에서 찾아낸 유해는 총 3,092여 점이었다. 그중 완전유해 형태로 발굴한 전사자는 424구. 그 가운데 우리 국군으로 신원이 확인된 유해는 모두 아홉 구였다.

박재권 이등중사, 남궁선 이등중사, 김기봉 이등중사, 정영진 하사, 김진구 하사, 서영석 이등중사, 송해경 이등중사, 배석례 이등중사, 임병호 일등중사.

그러다 2023년에 오문교 이등중사의 신원이 추가로 확인돼 2024년 현재까지 모두 열 분의 유해를 가족 품으로 돌려보낼 수 있었다.

유해 발굴 작전이 끝난 지 몇 년이 지났는데 뒤늦게 신원이 확인되는 이유는 DNA 데이터가 계속 확충되고 있기 때문이다. 6.25전사자 유가족 DNA는 유족이 시료 채취에 동의해야 데이터로 취합할 수 있다. 우리 정부는 2001년부터 6.25전사자 유가족 DNA 시료를 채취하고 있는데 2024년 현재까지 10만여 명의 시료를 확보한 상태다. 신청자가 늘어 데이터가 늘어날수록 지금 이 순간에도 국방부 감식소 보관 공간에 이름 없이 대기 중인 수천 명의 유해 가운데 유족을 찾을 수 있는 확률 또한 높아질 것이다. 군인들의 유해 발굴 작전은 끝났어도 대한민국의 '작전'은 끝나지 않은 셈이다. 그런 측면에서 유해 발굴 작전은 여전히 현재진행형이고, 앞으로도 계속될 것이다.

화살머리고지 유해 발굴 작전에 해당하는 이야기는 아니지만 2023년에는 이런 일도 있었다. 미군의 유해인 줄 알고 미국으로 보냈던 유해가 국군으로 확인돼 되돌아온 것이다.

2021년 9월 우리나라와 미국은 전사자 유해 상호 인수식을 진행한 바 있다. 강원도 춘천시 사북면 일대에서 진행한 미군 전사자 유해 발굴 작전으로 찾은 유해를 모두 미국으로 보낸 것이다. 그 가운데 66구가 한국인으로 밝혀져 미국 하와이 감식센터에서 국내로 봉환되었고, 그 가운데 한 분이 DNA 시료 확인 절차를 통해 가족을 찾을 수 있었다.

광활한 산야에서 흙을 파헤쳐 유해를 찾고, 발굴한 유해 수천 점 가운데 다시 국군 유해를 가려내고, 거기서 다시 가족을 찾아 주는 일은 그야말로 바닷가 백사장에서 바늘 하나를 찾는 일과도 같다.

그렇게 찾은 가족은 고인이 돌아가셨다는 사실을 이미 70년 전부터 알고 있던 사람들이다. 그들에게 고인의 죽음과 유해가 그리 특별한 사건이 아닐 수도 있다는 뜻이다. 그동안 유해 없이 만든 무덤 앞에 제사 지내고 큰절 올리면서 평범하게 살아왔던 가족들이다. 그들에게 기어이 유해를, 혹은 유해의 일부를 찾아 보내 주는 사업이 갖는 의미는 무엇일까.

화살머리고지 유해 발굴 작전을 위해 육군 5사단은 수많은 인원을 작전에 동원했다. 사단장을 TF장으로 하고, 대령급 장교를 현장 책임자로 두고, 5명의 중령급 장교로 현장지휘조를 구성했다. 지뢰 제거 작업에 100여 명, 유해 발굴 작업과 지원에 300여 명, 경계 임무에 100여 명 등 총 500여 명으로 이루어진 대규모 유해 발굴단을 구성했다. 작전에 참여한 장병은 대부분 20~30대 청년들이다. 청년 500여 명이 1,000일 동안 DMZ 안에 있는 야산을 샅샅이 뒤지며 70년 전에 죽은 사람들의 뼛조각을 찾느라 땀을 뻘뻘 흘렸다. 거기에 투입된 국가 예산 역시 만만찮다.

혹시 이렇게 묻는 분이 계실지도 모르겠다. "그게 그만한 가치가 있는 일이었소?" 혹여 냉정하게 이렇게 말씀하시는 분도 계실지 모르겠다. "그 정도 국방예산으로 차라리 다른 일을 하는 편이 낫지 않을까요?"

나는 34년 나의 군 생활을 꺼내 놓으며 이렇게 에둘러 대답할 수밖에 없다.

34년 군인으로 살면서 나는 참 많은 부대와 임무를 거쳤다. 초임 소대장으로 특공연대에 배치받았고, 3사관학교에서 장교들을 학생으로 앉혀 놓고 경제학을 가르치기도 했다. 강원도 고성의 GOP부대에서 중대장을 맡았고, 대학 학군단 교관으로 ROTC 후보생들과 부대끼기도 했다. 육군본부에서 육군 전체 장교의 진급을 관장하기도 하고, 군단 규모의 작전계획을 세우기도 했다. 그렇게 한 발 한 발 계급을 훑아 올랐다.

어떤 곳에서 어떤 임무를 수행하든 군 생활에서 의미 없는 경험은 없었다. 나라를 지킨다는 보람과 긍지가 있었고, 대한민국 육군이 나를 강하게 만든다는 고마움 또한 갖고 있었다. 군인의 길을 선택하길 참 잘했다는 생각을 한시도 거둬본 적이 없다.

그런 가운데 군인의 꽃이라는 사단장이 되었고, 그것도 최전방 휴전선을 책임지는 부대의 사단장이 되었다. 또 그것도 DMZ 남북공동 유해 발굴 작전이라는 역사상 유례없는 작전의 시기에 해당 부대 사단장을 맡아, 작전을 최종 책임지는 TF장이 된 것은 하늘이 내게 주신 운명이라고 여기고 있다. 그 작전을 완전하게 수행함으로써 사령관까지 될 수 있었다.

소대장, 중대장, 대대장, 연대장, 사단장, 사령관, 그리고 군복을 벗는 날까지 내가 변함없이 지키려 했던 신조가 하나 있다. '부하들과 함께한다'는 것이다. 계급장이 다이아몬드든 댓잎이든(흔히 '무궁화'라고 알고 있는 영관급 장교 계급장 문양은 사실 대나무의 잎이다) 반짝이는 별이든, 지휘관이라고 병사들과 다른 세상의 존재처럼 굴려 하지 않았다.

사단장이 되어서도 병사들과 수시로 어울려 족구를 하고, 주머니에 간식거리를 담아 초소를 돌며 경계병들에게 나눠 주고, 고향이 어딘지, 입대 전에는 무슨 일을 했는지, 지금 어려운 점은 없는지 등을 조용히 묻곤 했다. 유해 발굴 작전이라고 다르지는 않았다. 500여 명의 수하 장병들이 동원된 대규모 작전인데다 여러 위험 요소가 가득한 지역에서 진행되는 작전인지라 총책임자로서 한시도 긴장을 늦출 수가 없었다. 수시로 찾아가 현장을 확인하고 용사들과 대화했다.

유해 발굴 작전에 참여한 장병 가운데 외국에서 온 자원들이 있었다. 미국, 캐나다 등에서 대학에 다니다 군대에 온 청년인데, 이중 국적 등을 이유로 사실 꼭 징집에 응하지 않아도 되는 청년 또한 있었다. 그럼에도 그들은 자원 입대했다. 최전방을 지원했다. 유해 발굴 작전까지 경험하게 되었다.

"힘들지 않느냐"는 물음에 그들의 대답이 인상적이었다.

"조금 힘들긴 하지만 보람 있습니다. 감사합니다."

나는 이 '감사하다'는 소감이 유독 귀에 들어왔다. 유해 발굴 작전에 참여한 모든 병사가 "감사합니다"라는 표현을 즐겨 사용했다. 무엇이 고맙다는 뜻일까? 누구에게 감사하다는 의미일까?

이런 소중한 기회를 주셔서 고맙다는 뜻이었고, 이런 경험을 통해 배우고 느끼는 것이 많으니 감사하다는 소회였다. 비단 사단장 앞이라고 그런 말을 하는 것이 아니었다. 그들의 목소리에서 뜨거운 진심이 느껴졌다. 나는 그것으로 이 작전의 진정한 의미를 깨달을 수 있었다. 내가 34년 군 생활을 통해 느끼는 고마움과 그들의 고마움이 하나로 포개지는 순간이었고, 내가 이 병사들과 '전우'가 되었구나 하는 것을 느끼는 순간이었다.

매일 유해 발굴 작전에 투입되기 전에 장병들은 구호를 외쳤다. 앞에 선 지휘관이 "그들을!"이라고 선창하면 뒤이어 병사들이 주먹을 불끈 쥐고 외쳤다. "조국의 품으로!"

"그들을 조국의 품으로."

이것이 우리의 구호였다.

우리가 찾은 것은 그냥 '뼛조각' 하나가 아니었다. 우리가 정말 감사하며 살아야 할 대상에 대한 무한한 경의였다.

"'그들을 조국의 품으로.' 이것이 우리의 구호였다."

"우리가 찾은 것은 그냥 '뼛조각' 하나가 아니었다.
우리가 정말 감사하며 살아야 할 대상에 대한 무한한 경의였다."

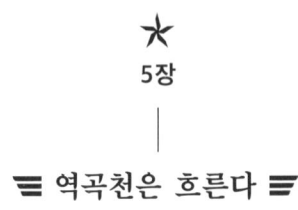

## 5장

## ≡ 역곡천은 흐른다 ≡

**무적 프랑스 대대**

한국전쟁에 참전하기 위해 3성 장군 계급장을 반납하고 스스로 계급을 중령으로 강등한 군인이 있다. 유엔 참전국 가운데 프랑스 대대를 이끌었던 랄프 몽클라르(Ralph Monclar, 1892~1964) 장군 이야기다.

한국전쟁에는 모두 22개국이 유엔군으로 참전했다. 병력지원국 16개국, 의무지원국 6개국. 1945년 유엔이 창설된 이래 유엔군이 편성된 것은 이때가 처음이었고, 2024년 현재까지도 '유엔군'이라는 이름으로 다국적 연합군이 구성된 것은 한국전쟁이 유일하다.

당시 대한민국은, '코리아'라는 나라는, 세계인이 이름조차 처음 들어 보는 생소한 나라였다. 미국, 영국, 캐나다, 튀르키예, 호주 등 세계 여러 나라가 아시아 대륙 동북쪽에 있다는 그 조그만 나라를 공산주의 세력의 침공으로부터 지켜주기 위해 선뜻 손을 내밀었다. 어느 하나 고맙지 않은 나라가 없지만 프랑스의 참전 과정에는 더욱 특별한 사연이 서려 있다.

프랑스는 제1차, 2차 세계대전으로 연달아 피해를 입은 국가여서 종전 후 자기 나라를 복구하는 것에도 힘에 부쳤다. 전쟁의 참상을 겪어 봐서 알기 때문에 다른 나라에서 벌어진 전쟁까지 참가하는 것에 반대하는 여론 또한 적지 않았다. 더구나 당시 프랑스 식민지였던 인도차이나반도의 정세가 심상치 않았다. 프랑스 공산주의자들이 6.25전쟁의 진실을 호도하는 선전전을 벌이며 파병 반대 여론을 부추기기까지 했다. 프랑스의 파병은 그야말로 첩첩산중이었다. 그럼에도 프랑스 의회에서 한국전 파병 동의안이 통과되는 과정에 몽클라르 장군을 비롯한 프랑스 자유주의자들의 역할이 컸다. 몽클라르 장군은 스스로 한국전에 참전하겠다는 선언까지 했다.

일단 파병 결정은 이루어졌지만 프랑스 의회에서 결정한 병력 규모가 1개 대대라는 점이 또 문제였다. 대대급 병력을 통솔

하기에 3성 장군이라는 계급은 너무 높았던 것이다. 그러자 몽클라르는 "내 계급을 중령으로 낮추면 되잖소"라는 다소 쿨(?)한 해법을 내놓아 프랑스 대대 지휘관이 되었고, 이는 한국전쟁은 물론 세계 전쟁사에 길이 남을 감동적인 장면 가운데 하나로 꼽힌다.

몽클라르 장군의 본명은 라울 마그랭베르느레(Raoul Magrin-Vernerey)다. 몽클라르라는 이름은 제2차 세계대전 당시 히틀러 침략군에 맞서 자유 프랑스군을 창설하면서 사용한 가명이다. 인생을 통해 온몸으로 자유를 수호한 위인이다.

몽클라르 장군, 아니 몽클라르 중령을 대대장으로 한 유엔군 프랑스 대대가 프랑스 마르세유항을 출발해 한국 부산항에 도착한 날은 1950년 11월 29일.

대대 병력이다 보니 한국전쟁에서 프랑스군은 미군 2사단에 배속돼 작전을 펼쳤다. 1개 야전군 규모로 연인원 179만 명이 참전한 미군에 비해 프랑스군은 연인원 3천여 명 규모밖에 되지 않았지만 이들이 참여한 전투 목록을 살펴보면 혀를 내두를 정도다.

부산항에 내리자마자 프랑스군은 북진해 당시 가장 치열한 전투가 벌어지던 강원도 원주-문막으로 향했고, 다시 경기도 양평으로 이동해 인해전술로 밀고 내려오는 중공군 3개 사단과 맞서 싸웠다. 그 전투가 그 유명한 지평리 전투다. 뒤이어 강원도 양구에서 펼쳐진 단장의 능선 전투, 연천-철원 일대에서 사투를 벌인 철의 삼각지 전투, 티본(T-Bone)고지 전투 등 6.25전쟁사에 유명하고 굵직한 전투마다 프랑스 대대의 이름은 빠지지 않고 등장한다. 마치 어렵고 힘든 전투만 골라서 찾아다닌 부대라는 느낌이 들 정도다.

프랑스 대대는 유엔군 내에서도 용맹한 부대로 명성이 자자했다. 특히 지평리 전투에서 프랑스 대대는 '총알이 떨어지면 총검으로 맞선다'는 자세로 아군 병력의 수백 배에 달하는 중공군을 격퇴시킨 기적과도 같은 전과를 이루었다.

프랑스군이 뛰어난 전과를 세운 이유는 여럿인데, 제2차 세계대전 중에 여러 전장을 누빈 경험 있는 군인들이 자원해서 편성한 부대였기 때문이고(몽클라르 장군이 프랑스 전역을 돌아다니며 병력을 모았다), 프랑스 국내 일부의 반대 여론에도 불구하고 '자유민주주의를 수호해야 한다'는 투철한 의지를 갖고 있는 군인들이 결집하였기 때문 아닐까 생각한다. 거기에 몽클라르라는 유능하고 솔선수범하는 지휘관을 갖고 있기도 하였다.

지평리 전투에서 프랑스군이 중공군을 물리칠 때 몽클라르 장군이 펼친 전술은 전사에 유명하다. 당시 중공군은 피리를 불고 꽹과리를 치면서 두려움이 없이 돌격하는 이른바 인해(人海)

전술로 유엔군을 공포에 떨게 했다. 그때 몽클라르 장군은 소총 끝에 칼을 꽂고 달빛 아래 검을 흔들어 보이는 전술로 맞섰다.

당시 중공군은 대부분 농민 출신이었다. 소총을 처음 구경하는 병사마저 태반이었다. 중공군이 용맹했던 것은 정말 용감해서가 아니라, 날아오는 총알은 눈에 보이지 않기 때문에, '무서운 줄 몰랐던' 것이다. 몽클라르는 그런 점을 간파해 칼을 내밀었다. 농민 출신이다 보니 총보다 칼에 대한 두려움이 더 많다는 사실에 착안한 것이다. 프랑스군은 참호 안에 깊숙히 몸을 숨기고, 달빛 아래 총검을 번쩍이며, '올 테면 와 보라'는 기세로 맞섰다. 적군의 진격 속도가 늦춰질 수밖에 없었다.

지평리 전투에서 중공군은 막대한 손실을 입었다. 이후로 국군과 유엔군은 중공군을 더 이상 두려워하지 않게 되었다. 지평리 전투는 한국전쟁의 흐름을 바꾼 중요한 전투 가운데 하나로 꼽힌다.

한국전쟁에서 몽클라르 장군의 행정상 계급은 중령이었지만 미군 장성들도 깍듯이 존중하는 백전노장이었다. 그는 지평리 전투를 승리를 이끌고 프랑스 대대의 기틀을 확립한 다음 1951년 12월 고국 프랑스로 돌아갔다. 1952년 5월에 퇴역했다. 몽클라르 장군에게 코리아는 마지막 자유의 혼을 불사른 지역이었다.

현재 경기도 양평군 지평리에는 남한 강변을 끼고 풍광 좋은 자전거 도로가 길게 이어져 있다. 자전거를 타고 한번쯤 그곳을 지나가 보시라. 2023년 국가보훈부는 이 도로를 '몽클라르의 길(Road of Ralph Monclar)'이라고 명명했다.

> "사랑하는 아들아. 언젠가 너는 내가 (한국전쟁에) 가야 했던 이유를 물을 것이다. …… 아버지는 너같이 어린 한국의 아이들이 이 땅의 길에서, 물속에서, 진흙 속에서, 눈 속에서 헤매지 않게 하려고 여기에 왔단다."
> — 몽클라르 장군이 아들에게 보낸 편지 가운데.

### 세월이 아무리 흘러도

화살머리고지 전투 역시 프랑스 대대와 떼려야 뗄 수 없는 관계를 갖고 있다.

화살머리고지에서는 총 4번 집중적인 전투가 벌어졌다. 1차 전투는 1951년 11월, 2차 전투는 1952년 6~7월 사이 있었다. 1~2차 전투는 아군과 적군을 통틀어 100여 명의 사상자가 발생한, 다른 전투와 비교해서는 그리 크지 않은 규모의 전투였다.

우리가 흔히 '화살머리고지 전투'라고 부르는 전투는 1952년 10월에 발생한 3차 전투, 그리고 정전협정 직전에 발발한 4차 전투를 말한다. 따라서 전쟁사 자료 중에는 이 3~4차 전투를 화살머리고지 1~2차 전투라고 표기하는 자료도 많다.

화살머리고지 3차 전투에 프랑스군이 투입돼 51명이 전사했다. 적군은 무려 1,518명이 전사했다. 이 전투는 프랑스군과 중공군의 마지막 혈투라고 할 수 있는데, 프랑스군의 압도적 승리로 끝났다. 화살머리고지 4차 전투에는 국군 2사단이 전면에 나섰다. 아군이 212명, 적군이 1,418명 전사했다. 화살머리고지의 땅속에는 그런 수천 명의 유해가 뒤엉켜 있었던 것이다.

화살머리고지와 백마고지가 있는 강원도 철원 DMZ 일대에는 역곡천(逆谷川)이 흐른다. 이름에서 느껴지는 질감처럼 굉장히 구불구불한 하천이다. 역곡천이 화살머리고지와 백마고지 주변을 어떻게 흐르고 있는지 살펴보면 우리가 이 두 고지를 모두 지켜냈다는 사실이 믿어지지 않을 정도다.

화살머리고지와 백마고지는 뱀처럼 구불구불 흐르는 역곡천의 행로에 섬처럼 떠 있는 고지다. 고지 3면을 역곡천이 에워싸고 있는데 육로가 북쪽으로 트여 있다. 따라서 우리 입장에서 화살머리고지나 백마고지를 점령하면 배수의 진을 친 격이 된다. 우리가 두 고지 전투에서 모두 승리할 수 있었던 것은 그러한 결사전의 각오가 있었기 때문 아닐까 싶다.

반대로 북한군과 중공군 입장에서는 화살머리고지와 백마고지 점령을 좀 만만하게 생각했던 것 같다. 고지전의 기본대로 일단 무수히 포탄을 퍼붓고 무작정 기어 올라가는 전략을 펼쳤다. 굳이 손자병법을 인용하지 않더라도, 이렇게 적을 우습게 보는 전투는 반드시 실패하기 마련이다.

1952년 10월 화살머리고지 전투에서 중공군은 수공(水攻)을 펼쳤다. 당시 역곡천 상류 저수지는 중공군이 점령하고 있었고, 고지는 프랑스군이 점령하고 있었다. 중공군은 대규모 포격을 가하는 동시에 저수지 수문을 열었다. 역곡천이 범람하자 강 건너 후방에 있던 아군 병력이 화살머리고지를 지원하기 어려워졌다. 이로 인해 고지를 점령하고 있던 프랑스군 선발대는 고립돼 전멸하다시피 피해를 입었고, 화살머리고지 북쪽 사면을 기어오르는 중공군을 향해 미군이 수만 발 포탄을 쏘고, 미군 중무장 부대가 강을 건너 진입하고 나서야 중공군을 격퇴할 수 있었다. 나흘간 밤낮으로 전투를 치렀지만 중공군은 끝내 화살머리고지를 점령하지 못하고 물러났다.

전쟁에서 적군 전사자가 어느 정도 되는지는 정확히 확인할 방도가 없다. 1952년 화살머리고지 전투에서 중공군은 적게는

1,500명, 많게는 5,000명가량이 사망했던 것으로 알려졌다. 프랑스군이 그야말로 일당백으로 싸워 이긴 셈이다.

지금도 역곡천은 화살머리고지를 둘러싸고 유유히 흐른다. DMZ 유해 발굴 작전 3년차인 2020년에 역곡천에 큰 홍수가 났다. 그로 인해 화살머리고지를 잇는 다리가 유실되며 2개월가량 작전 지역에 병력을 투입하지 못했다. 상급부대에서 공병대를 투입해 임시로 조립한 다리를 설치하고 나서야 유해 발굴 작전을 재개할 수 있었다. 당시 백마고지도 홍수로 고립돼 급하게 가설한 와이어로 GP 장병들에게 식량과 피복을 보급하는 등 한동안 애를 먹었다. 하지만 우리가 치른 고생이 역곡천을 감싸고 흐르는 피의 농도에 감히 비할 수 있겠는가.

화살머리고지 유해 발굴 작전은 그저 막무가내 아무 자리나 파헤쳤던 것이 아니다. 군에는 '전투상보'라는 자료가 있다. 군인들은 치열하고 바쁜 전쟁 중에도 그날그날의 전투 상황을 빠짐없이 기록한다. 언제 어디서 어떤 작전을 펼쳤고, 몇 명이 죽고 다쳤는지 구체적으로 적시한다. 전사자의 전사확인서에는, 시신을 미처 수습하지 못한 경우, 전우들의 증언을 바탕으로 시신을 두고 온 위치까지 좌표로 남겨 둔다. 남궁선 이등중사의 전사확인서에도 그러한 위치가 표시돼 있었다. 대략의 매몰 지점을 추정할 수 있었던 것이다. 그리고 나중에 DNA 시료를 통해 가족을 찾았다.

　무적 프랑스 대대에는 한국군 병사들이 배속돼 함께 싸웠다. 본격적인 유해 발굴 작전에 앞서 우리는 프랑스 대대에 배속돼 전투에 참여했던 선배 용사님들을 화살머리고지로 모셨다.

　이제 88세, 90세가 된 선배님 두 분이 베레모를 쓰고 70년 만에 화살머리고지 현장을 찾았다. 오랜 시간이 지났음에도 선배님들은 어느 자리에서 누가 어떻게 죽었고, 적들이 어느 방향에서 어떻게 공격했으며 우리는 어떻게 격퇴했는지, 격전지를 가리키며 70년 전의 전투를 어제 일처럼 말씀하셨다.

　어찌 잊겠는가. 변함없이 흐르는 역곡천처럼, 세월이 아무리 흘러도 꿈에서도 잊지 못할 기억일 것이다. 기록보다 무서운 것이 기억이다.

## 우리가 더 고맙다

　유해 발굴 작전에는 유해보다 훨씬 많은 유품이 쏟아졌다. 금이 가고 구멍 뚫린 철모가 고지 곳곳에 뒹굴고, 땅을 헤쳐 발견한 유골 곁에는 대개 총기가 있었다. 마지막 순간을 고인과 함께한 개인화기였을 것이다. 미처 발사하지 못한 탄알이 든 총기를 볼 때마다 묘한 기분이 들었다.

여전히 물이 출렁이는 수통이 있었다. 잉크가 마르지 않아 여전히 글씨가 써지는 만년필도 있었다. 면도기, 반합, 숟가락, 라이터, 수첩 등 숱한 개인 물품이 70년 만에 햇볕을 만나 모습을 드러내고 주인을 찾아 달라 아우성쳤다.

그중에서도 인상적이었던 것은 동굴형 진지에서 발견된 시계였다. 뼈만 앙상하게 남은 유해의 손목에 묵직한 은빛 시계가 채워져 있었다. 시간이 7시 50분에 멈춰 있었다. 포격의 충격 때문에 멈춘 건지, 주인이 태엽을 감아줄 수 없으니 한동안 홀로 낮밤을 지새다 멈춘 건지, 7시 50분이라는 시간이 묘하게 여운을 남겼다. 지금도 7시 50분을 마주할 때면 유해의 손목에서 멈춘 시곗바늘이 눈앞에 어른거린다.

DMZ 유해 발굴 작전을 진행할 때 비상주 GP 한 곳을 현장 지휘소로 사용했다. 2019년 겨울에 우리는 그곳을 유해 발굴 기념관으로 조성했다. 화살머리고지 전투의 전개 과정과 유해 발굴 작전 경과를 소개하고 수집한 유품과 사진 등을 전시했다. DMZ 안에 있으니 일반인은 방문하기 쉽지 않겠지만 장병들에게 좋은 교육의 장이 될 것이다.

유해 발굴 작전을 통해 수습한 프랑스군 유해는 프랑스 대사관의 확인 절차를 거쳐 모두 본국으로 송환되었다. 우리는 프랑스 참전 용사의 인식표 하나까지 발굴해 프랑스로 돌려보냈다. 그렇게 송환한 유품은 다시 기증하는 형태로 국내로 돌아오고 있다. 서울 용산 전쟁기념관에 가면 화살머리고지에 참전했던 프랑스 용사들의 유품이 전시돼 있다. 기념관 3층 유엔실에 있다.

2021년 10월에 나는 3성 장군이 되어 국군의 방첩 활동을 총괄하는 군사안보지원사령관직을 맡았다. 그때 프랑스를 방문했던 적이 있다.

샤를 드골 공항에 내려 에펠탑이 있는 파리 중심부까지 닿는 데 걸린 시간이 딱 20분 정도였다. 보통은 1시간 20분 정도 걸리는데 한국의 정보기관 책임자가 온다니까 프랑스 국방정보보안국 요원들이 마중 나와 모든 도로의 교차로를 통제한 것이었다. 가장 빠르게 막힘 없이 통과할 수 있도록 우선권을 줬다. 그런 의전을 바랐던 것은 아니지만 프랑스에 체류하는 내내 '이 나라는 군인이 대한 예우가 참 각별하구나' 하는 것을 실감할 수 있었다.

내가 DMZ 유해 발굴 작전을 총괄한 부대의 책임자였음을 어떻게 알았는지 프랑스 정보보안국장이 "참전자들의 유해와 유품을 보내줘서 정말 고맙다"고 사의를 표했다. 나는 "우리가 더 고맙다"고 정중히 답했다. 아시아 동쪽 끝에 있는 이름도 모르는 나라를 지키겠다고 달려온 프랑스군이 없었다면 우리는 오늘 존재하지 못했을 수도 있다. 이제 우리가 경제·문화적으로는 세계적인 강국이 되어 프랑스에 유해와 유품을 보내주고 감사 인사까지 받으니 뿌듯하고 황송한 일이었다.

나는 청-백-홍의 프랑스 국기를 볼 때마다 그들이 지키려고 했던 자유, 평등, 박애의 가치가 프랑스 영토 안에서만 머문 것은 아니었구나 하는 고마움을 느낀다. 화살머리고지를 피로 지킨 영웅들이야말로 자유와 박애의 전사였다.

프랑스 대대는 22개 유엔 참전국 가운데 파병 인원 대비 전사자가 가장 많은 부대다. 파리 센(Seine)강 변에는 6.25 전쟁 참전 기념비가 서 있다. 북한군, 중공군에 맞서 싸우다 숨진 프랑스 대대 소속 292명의 이름이 거기 새겨져 있다.

"다시 북한군이 내려온다면 저는 무덤에서 나와서라도 총을 쏠 겁니다."

프랑스군 생존 용사의 말씀이 우리를 숙연하게 만든다.

"화살머리고지를 피로 지킨 영웅들이야말로 자유와 박애의 전사였다."

# 6장

## ≡ 아버지의 빈자리 ≡

### 기록에도 없는 죽음

고지에서 유해를 발굴해 보면, 유해 발굴과 관련한 해부학적 전문 교육을 받은 사람이 아니라도, 동양인과 서양인의 유골은 쉽게 구분할 수 있을 정도다. 동양인의 뼈는 쉽게 부스러지고, 서양인의 것은 일단 외형으로 봐도 크고 단단함이 느껴진다. 1950년대 동양인과 서양인의 영양 상태 차이 때문일 것이다. 우리 군과 유엔군의 체격 차이는 6.25전쟁 당시 촬영된 각종 사진을 봐도 알 수 있다. 흑백 사진에, 비슷한 군복을 입었어도, 금방 식별할 수 있다.

물론 지금은 그렇지 않다. 요즘 청년들의 체격 조건은 서양인의 그것에 밀리지 않는다. 지상작전사령부 참모장을 맡았을 때 미군과 연합 작전을 펼치는 경우가 많았는데, 그때 우리 사령부에 근무하는 장병들을 보면 건장한 미군의 체격과 엇비슷했다. 입고 있는 군복이 조금 다를 뿐 평균적 외형은 구분할 수 없을 정도였다.

통계를 보니 1979년 우리나라 남성의 평균 신장은 166㎝, 여성은 154㎝였다고 한다. 2023년 통계에 따르면 한국인의 평균 신장은 남성 175㎝, 여성 163㎝다. 40여 년 사이 국민이 전체적으로 10㎝ 정도 자란 셈이다. 주로 젊은 세대의 키가 쑥쑥 자라나 평균 수치를 높였을 것이다. 20~30대 청년층으로 통계의 대상을 좁히면 지금 우리 국민의 키는 세계 평균을 훨씬 앞서고 있을 것으로 보인다.

1979년과 지금을 비교해도 이러한데 1950년과 지금의 차이는 어떨까? 1979년은 우리나라가 폭발적 경제 성장을 하던 때로, 청소년들의 체격 조건이 한창 좋아지고 있을 때다. 보릿고개가 일상이었던 1950년대에 한국인의 체격은 더욱 왜소했을 것으로 추정된다.

1950년대 우리 국민의 평균 신장이나 체중을 공식적으로 확인할 방법은 없지만 1954년 스위스 월드컵에 참가한 우리나라 축구 국가대표팀의 평균 신장이 167.92㎝였다는 기록이 남아 있다. 2024년 아시안컵 대회에 출전한 우리 대표팀의 평균 신장은 182.54㎝다. 선수단에서 가장 큰 송범근 선수의 키는 194㎝로, 과거에는 '농구 선수를 할 법하다' 했을 것이다. 1950년대 한국인과 지금의 한국인은 체격상으로는 완전히 새로운 한국인이 되었다.

화살머리고지에는 공식적인 전투 기록으로만 봐도 최소 수백 명의 유해가 수습되지 못한 채 묻혀 있을 것으로 추정된다. 기록에도 없는 죽음 또한 많을 것이다. 그래서 발굴 작전 4년 동안 3천여 점의 유해를 수습한 것은 그리 놀랍지 않은 결과다.

그런데 작전을 수행하다 수습한 유해 가운데 좀 의문스러운 유골들이 있었다. 동양인의 뼈인 것은 분명한데, 뼈의 강도가 유난히 더 약하고, 양쪽 끝이 부스러져 유난히 더 짧은 것이다. 왜 그런 모양이 되었을까?

발굴단 감식요원에게 물으니 "성장판이 닫히지 않아 그렇다"고 했다. 성장판은 우리 몸의 뼈끝에 위치한 부드러운 연골조직이다. 그것이 닫히면 뼈가 단단해지면서 성장이 멈춘다. 따라서 성장판이 닫히기 전에 죽은 사람이면 유골의 끝자락이 무뎌서 쉽게 부스러진다는 설명이다. 사람의 성장판은 보통 15세 전후에 닫힌다. 늦어도 스무 살 이전.

열예닐곱 살 소년 혹은 소녀들의 유해가 화살머리고지 땅속에 있다고?

의문이었지만 발굴단 감식요원은 충분히 있을 수 있는 일이라고 했다. 여러 추론이 가능하다. 우선 당시 북한군이나 중공군은 나이에 상관없이 징병했다는 것이다. 지원병이라는 이름으로 중고등학생까지 차출했고, 심지어 전쟁통에 가족을 잃고 헤매는 청소년들을 먹여 주고 재워 준다고 꼬드겨 군대로 데리고 가는 경우 또한 많았다고 한다. 그렇게 총을 든 아이들이 있었다.

우리도 그렇다. 6.25전쟁 당시 소년 소녀 지원병이 존재한다는 것은 익히 알려진 사실이다. 그럼에도 18세 미만은 징집 대상이 아니었기 때문에 공식적인 병적(兵籍) 기록이 존재하지 않는 데다, 유엔아동권리협약 위반이기 때문에 그동안은 소년병의 실체를 인정하지 않은 채 쉬쉬했다. 2000년대에 들어서야 소년병 참전 사실을 우리 전쟁사에 기록하게 되었고, 미흡하긴 하지만 생존자에 대한 보훈 조치까지 이루어지고 있다.

이들은 최전선에서 총을 쏘기도 했지만 군인들의 잔심부름을 하거나 탄약통 같은 무거운 짐을 나르는 노역 활동을 하기도 했다. 그렇게 '일당을 받는 아이들'이 전장에 있었다는 사실은 6.25 참전 용사들의 증언 곳곳에 등장한다.

군인은 오히려 전투상보나 사망확인서 등을 통해 죽음의

흔적이라도 남는다. 병적 기록과 인식표, 개인 물품을 통해 신원을 확인하고, 70년의 시간이 지났어도 DNA를 통해 가족을 찾을 수도 있다. 그러나 그 사람이 전쟁에 참가했는지조차 알 수 없는 사람들이 있다. 정말 이름도 없이, 군번도 없이, 흔적조차 없이 살다 간 사람들이다. 그야말로 기록에도 없는 죽음이다.

화살머리고지에서 발견된 수천 점 유해 가운데 그런 서러운 통곡의 울음소리가 들린다. 그래서 전쟁이 일어나면 가장 약한 자들이 가장 큰 고통을 겪는다고 말하는 것이다.

## 너희 할아버지는 김일성이가 죽였다

내 아버지는 1940년생, 어머니는 1944년생이다. 그래서 화살머리고지에서 유해 발굴 작전을 지휘하며 6.25전쟁의 상처를 돌아볼 때마다 우리 아버지, 어머니, 그리고 할아버지, 할머니 세대의 인생이 겹쳐 보이지 않을 수 없었다.

1940년생인 우리 아버지는 6.25전쟁이 발발했을 때 국민학교 4학년이었다. 어머니는 국민학교 1학년. 두 분은 그리 멀지 않은 동네에 사셨는데, 전쟁이 발발하고 서울이 함락되자 두 분 다 피난길에 오르셨다. 공부는 거기서 끝. 두 분 다 '국민학교 중퇴'라는 학력이 최종 학력으로 남았고, 피난에서 돌아와서는 곧장 농사일을 도우며 평생 농민으로 살았다.

할머니는 '북한'이라는 말만 들어도 치를 떠는 분이셨다. "그 고약한 빨갱이들!" 하시며 고개를 절레절레 흔드셨다. 그럴 때마다 "상철이 너는 커서 꼭 장군이 되어야 한다. 너희 할아버지 원수를 갚아야 한다"라고 머리를 쓰다듬으며 말씀하셨다. '군인'이 돼라도 아니고 '장군'이 돼라 하셨다.

할아버지는 결코 부농은 아니지만 그래도 식솔들 먹여 살릴 논밭은 있는 자작농이었던 것은 확실하다. 그것 때문에 북한군이 밀고 내려와 잠시 '인민정부'가 수립되었을 때 좌익들에게 시달림을 당하셨던 것 같다. 배운 건 없지만 심지가 굳은 분이셔서, 도대체 왜 사람을 이렇게 못살게 구는 것이냐, 열심히 일해서 내가 내 논밭을 가꾸는 것이 뭐가 그리 잘못되었느냐고 항의를 하셨다고 한다. 그것 때문에 좌익들에게 미운털이 박혀 고초를 겪었다고 할머니는 말씀하셨다.

인천상륙작전으로 전세가 뒤집혔다. 유엔군이 참전하고 국군이 북진을 시작하자 인민정부는 도망가고 다시 평온한 세상이 찾아왔다. 하지만 그것도 잠시. 이번엔 중국 군대가 밀고 내려온다는 소문이 들렸다. 이번에는 피난 봇짐을 싸는 수밖에. 그런 세상을 한번 겪어봤으니 '이거, 사람 살 세상이 아니겠구나' 하면서 차라리 고향을 떠나는 편을 선택하셨다고 한다. 우리 역사에 '1.4후퇴'라고 말하는 시기다. (한편, 국군이 38선을 넘어 북진한 10월 1일을 우리는 국군의 날로 기념하고 있다.)

할아버지는 그러다 피난길에 돌아가셨다. 무슨 전투를 치르다 잘못되셨던 것은 아니고, 피난길에 충청북도 증평까지 내려갔는데, 거기서 음식을 잘못 드시고 돌아가셨다. 전쟁 중엔 그런 일이 흔하다. 먹을거리가 없고 위생 상태가 좋지 않던 시절이라, "피난길에 뭘 잘못 드셨는지 며칠간 복통을 호소하다 돌아가셨다"고 친척 어르신들은 말씀하셨다. 전쟁에 국민은 각자의 전쟁을 치른다.

그래서 할머니는 언제나 "너희 할아버지는 빨갱이 때문에 죽었다"고 말씀하셨다. "김일성이가 죽였다"고 말씀하시기도 했다. 전쟁통에 과부가 되어, 3남매를 할머니 혼자 키우셨다.

그때 할머니마저 돌아가셨다면 우리 아버지는 어떻게 되었을까? 상상할수록 아찔하다. 전쟁이 터졌을 때 열두 살이었던 아버지는 먹고살기 위해 세상을 떠돌아야 했을 것이고, 어머니를 만나지 못했을지 모른다. 그렇다면 지금의 나는 세상에 존재하게 되었을까? 그런 생각을 하다 보면 세상 많은 일이 아찔하고 아스라하다.

1936년생인 고모는 일찍 시집을 보냈고, 1938년, 1940년생인 큰아버지와 우리 아버지는 할아버지의 빈자리를 채워야 했다. 열두어 살 무렵부터 낫질 쟁기질 지게질 퇴비질 다 하면서 어엿한 농부가 되어야 했다. 학업을 그만둔 것을 서러워할 겨를조차 없었다. 우리 부모 세대의 삶은 대체로 그렇다.

그나마 작은 땅뙈기라도 있었으니, 우리 집안은 아주 굶는 형편은 아니었다. 나는 그것을 축복으로 여긴다.


**방향이라도 알 수 있느냐**

우리 집은 부유한 집은 결코 아니었지만 그렇다고 극단적으로 궁핍한 집도 아니었다. 굳이 생활 수준을 따지자면 중하층 정도 되었을 것이다. 배불리 쌀밥을 먹을 수는 없었어도 감자, 고구마, 혼합 곡식으로라도 배를 채울 수는 있었다. 나중에 고등학교를 수원으로 유학 가서, 나는 맨날 김치, 멸치, 고추장을 반찬으로 싸가는데 다른 친구들은 계란프라이나 스팸이 든 반찬 통을 내놓는 것을 보고 좀 부러워하기는 했다.

어쨌든 내 할아버지와 아버지가 자랐던 시대가 극단적 궁핍의 시대였다면, 내가 자란 1960~1970년대는 적당히 먹을 수는 있는 시대였다. 사실 1960년대까지만 하여도 우리나라는 도시보다 농촌에 일거리가 많았고, 도시보다 농촌이 사는 형편이 조금 나을 정도였다. 그러다 1970년대에 산업화가 본격화되면서 도시에 일거리가 늘어 살림살이가 확 달라지기 시작했고, 1980년대에는 도시와 농촌의 역전 현상이 뚜렷해졌다. 나는 그러한 전환의 시대를 살아 온 1967년생이다.

2021년 6월 5일 우리는 화살머리고지에 유가족들을 모시고 추모 행사를 열었다. 유해 발굴 작전이 막바지에 이를 때라 아홉 분의 용사가 신원이 확인된 상태였다. 코로나19 팬데믹으로 인해 국내외 상황이 여러모로 복잡했지만 이때 유족들을 DMZ로 모시지 않으면 이런 기회를 영영 다시 찾기 힘들 것이라 판단했다.

행사에는 남궁선 이등중사, 송해경 이등중사, 김진구 하사, 정영진 하사의 유가족이 참석하셨다. 유해를 가족의 품으로 돌려보낼 때, 그리고 현충원에 안장할 때, 사단장으로서 행사에 참석해 한번씩 뵈었던 분들이다.

연세를 견주어 보니 그분들이 모두 우리 부모님과 비슷한 또래였다. 남궁선 이등중사 아들은 아버지가 군대에 갈 때 세 살이었고, 김진구 하사 아들은 아버지가 제주도에서 2개월 가량 기초군사훈련을 받고 부산항에 도착했을 때 단 한 번 아버지 품에 안겨본 것이 마지막 만남이었다. 그때 생후 19개월이었다고 한다. 정영진 하사 유족도 네 살 이후로 아버지 얼굴을 본 적이 없다.

그들이 70년 세월을 어떻게 살았는지에 대해서는 구체적으로 묻지 않았다. 내 부모와 마찬가지로 평탄치 않은 삶을 살았을 것이다. 아버지가 없는 것에 섭섭했을 때도 있었을 것이며, 내 삶은 왜 이리 기구한가 하면서 신세 한탄을 했던 적도 없잖아 있었을 것이다. 아니, 왜 없었겠는가. 그럼에도 이렇게 자랄 수 있었던 것은 아버지 덕분이라고, 그리고 대한민국 덕분이라고, 추모 행사장에서 감사의 인사를 잊지 않으셨다.

유족들도 방탄복에 방탄헬멧을 걸치고 DMZ 안에 들어갔다. 그럼에도 전사자가 묻혀 있던 현장까지 유족들을 모시고 갈 수는 없었다. 북한군 초소와 정면으로 마주하고 있기에 언제 어디서 어떤 우발적 사건이 벌어질지 알 수 없는 지역이다. 만약 북한이 도발해 DMZ 안에서 민간인 사상자라도 나온다면 그때는 정말 걷잡을 수 없는 일이 생길지도 모른다. 정중히 양해를 구했다. 유족들이 모두 이해한다고 고개를 끄덕였다.

그때 송해경 이등중사 아드님이 아버지가 마지막 전투를 치른 지점이 어디인지, 그 방향이라도 알 수 있느냐고 물었다. 가르쳐드렸더니 그 자리에 작은 상을 펴고 준비해 온 제례음식을 올려놓았다.

돗자리를 펴고 고인이 묻혔던 방향으로 칠순 아들이 큰절을 올렸다. 머리가 허연 부인이 옆에 함께 큰절을 올렸다. 얼굴 한번 본 적 없는 시아버지일 것이다. 무릎 꿇은 노부부의 뒷모습을 보고 눈시울을 적시지 않은 장병이 없었다.

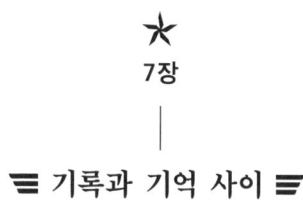

# 7장
## 기록과 기억 사이

### 자료가 다 있을 거야

　기록은 기억보다 치밀하다. 그러나 기록이 잘못돼 기억의 혼돈을 불러오기도 하고, 기록이 존재하지 않거나 유실돼 기억과 쟁투를 벌이기도 한다. 그리고 때로는 기억이 기록보다 선명하다.

　우리 아버지는 국가유공자이시다. 1994년 2월 상이군경으로 보훈등급 6급을 받았다. 1994년이면 우리 아버지가 50대 중반에 이르셨을 때다. 게다가 아버지가 상이군경 판정을 받게 된 계기는 1968년 무장공비 침투 사건 때의 공로. 스물아홉에 세운

공로를 어쩌다 쉰다섯에 인정받게 된 걸까?

사연은 이렇다.

나는 1967년 3월 1일생이고, 아버지는 나를 낳기 1개월 전 군대에 가셨다. 당시는 정전협정이 체결되고 14년이 지났지만 전후 복구가 되지 않아 여전히 행정 체계가 복잡한 상황이었다. 초등학교를 중퇴하였든, 자식이 셋이나 됐든, 남자라면 누구나 입대했다. 그것을 당연하게 여기던 시대였다.

그리하여 육군 11사단에 배치받았는데, 일병이 되었을 때 울진-삼척 무장공비 침투 사건이 일어났다. 울진-삼척 사건은 1968년 10월 30일부터 11월 1일까지 사흘에 걸쳐 북한군 무장공비 120여 명이 경상북도 울진과 강원도 삼척 연안으로 침투해 2개월가량 대한민국 곳곳을 혼란에 빠뜨렸던 일대 사건이었다. 그 유명한 이승복 소년의 "나는 공산당이 싫어요!" 사건이 그때 일어났다. 울진-삼척 사건으로 우리나라에서는 군경 38명, 민간인 23명이 사망했고, 무장공비 113명을 사살하고 7명을 생포했다. 북한이 저지른 최악의 도발이었다.

우리 아버지는 그 작전에 투입되었다가 수류탄이 터지면서 무릎과 발가락에 파편이 박혔다. 원주 국군병원으로 후송되었다가, 광주병원으로 갔다가, 다시 대구병원으로 갔다가, 6~7개월간 여러 병원을 전전하며 치료를 받았다. 그러다 완전히 회복하지 못하고 상병으로 의가사 제대를 하게 되었다.

어렸을 때 나는 친지들에게 "젖동냥으로 키운 아이"라는 말을 많이 들었다. 그때는 그게 무슨 뜻인지 잘 몰랐다. 어머니가 아버지 병간호 때문에 군대 병원에 다니시는 바람에 할머니에게 나를 맡겨 놓으셨는데, 아직 젖을 떼지 않았던 때라 동네 아주머니들이 돌아가며 나에게 젖을 먹이셨던가 보다. "동네가 함께 키운 아이"라고, "그러니 너는 열심히 공부해서 큰 사람이 되어야 한다"고 누누이 격려해 주셨다.

내 기억에는 없지만 그렇게 돌아온 아버지는 한동안 누워 계셨다고 한다. 나중에는 목발을 짚지 않아도 될 정도가 되었는데, 엄지발가락에 박힌 파편은 평생 아버지를 따라다녔다.

사람이 힘쓰는 일은 많은 부분 발가락에서 나온다. 발가락을 다치면 하체에 힘을 싣지 못한다. 그래서 우리 아버지는 무거운 물건을 들거나, 짐을 짊어지거나, 나무를 패는 일 따위를 힘들어하셨다. 시골에서 '힘 못 쓰는 남자'는 '아무짝에도 쓸모없는 남자'와 동격으로 통한다. 젊은 나이에 얼마나 자존심 상하고 주눅 들었을까.

어릴 때 학교에서 운동회를 하면 동네 잔칫날처럼 마을이 떠들썩했다. 학생뿐 아니라 마을 사람들이 모두 한자리에 모여 응원하고 각종 운동 경기에 참여했다. 운동회에는 아빠들이 쌀

가마니를 짊어지거나 아이들을 업고 뛰는 경기가 피날레로 있었다. 나는 초등학교 1학년부터 6학년 때까지 한 번도 빠지지 않고 학급 반장이었고, 운동신경이 좋아 운동회만 열리면 상장과 상품을 휩쓸다시피 했다. 그런데 아버지와 함께 뛰는 경기만큼은 한 번도 상을 타지 못했다. 그때는 어린 마음에 '울 아버지는 왜 그럴까' 탐탁잖게 여길 때도 있었는데, 돌아보면 아버지 마음은 얼마나 불편했을까. 아들이 뛰는 모습을 운동장 한편에서 조용히 지켜보며 고개만 끄덕이시던 아버지의 미소가 아직 잊히지 않는다. 평생 잊을 수 없을 것이다.

무장공비 소탕 작전에서 부상당한 아버지. 그렇게 나라를 위해 희생하고도 '보상을 받을 수 있다'는 생각은 한 번도 해보지 않았던 것 같다. 당시에는 그렇게 부상을 입고 군대에서 의가사 제대하는 일조차 부끄럽게 여기거나 미안한 일로 여겼다. '군대에서 조기 제대해 국가에 폐를 끼친 것도 죄송한데 어찌 보상까지 요구할 수 있는가?'라는 생각 아니었을까. 그런 생각이 옳다는 말이 아니라, 그때는 그랬다. 초등학교도 나오지 못했고 시골에서 농사지으며 살던 촌부의 마음은 대개 그랬다.

그런 아버지가 보상을 받을 수 있다는 사실을 알게 된 것은 나 때문이었다.

나는 중위 때 교수 요원으로 선발돼 육군3사관학교에서 2

년간 경제학을 가르쳤던 적이 있다. 그때 선배 교수님들과 식사를 하다가 우연히 아버지 사연을 말씀드릴 기회가 있었다. 그랬더니 모두가 정색하며 "지금이라도 국가유공자 자격 심사를 받아봐" 하시는 거다. 이미 20년이 훌쩍 넘은 일인데 그게 가능하냐고 물으니 "100년이 지나도 가능한 일"이라며 전투 기록과 병원 진료 기록 등이 폐기되지 않고 남아 있을 것이라고 했다. 과연 기록이 있었다.

## 되찾은 우리 땅

시골에서 '힘 못 쓰는 농사꾼'이라는 평판은 생각보다 무거운 낙인이다. 그래서 아버지는 다른 사람보다 늘 두세 시간은 더 많이 일하셨다. 여름철에 농군들이 보통 여섯 시에 일을 시작한다면 아버지는 네 시쯤, 사위가 밝기도 전에 논으로 나가셨다. 힘을 써야 하는 일이 생기면 더 빨리 나가서 '힘 대신 시간으로' 노동량을 채웠다. 아버지가 가꾸는 논밭은 동네에서도 유명한 논밭이었다. 다른 집과 육안으로 확연히 구분되었다. 잡초 한 포기 찾아 볼 수 없을 정도로 언제나 단정히 정리되어 있었.

당시만 해도 연탄이 없어 시골에서는 장작을 때던 시절이었다. 아버지가 굵은 나무를 해 오실 수 없으니 어린 나이에도 불구하고 형이랑 내가 뒷산에 올라가 나무들을 패오곤 했다. 리어카를 끌고 올라가 솔가지 등 잔 나무를 잔뜩 싣고 내려왔다. 초등학생이 농사일 집안일 돕는 것은 당시 시골에서는 어느 집이나 당연한 풍경이니 그리 내세울 만한 자랑은 못 된다.

아버지는 지극히 성실하고 지독히 절약하는 분이셨다. 우리 고향 마을은 경기도 용인, 이천, 안성이 만나는 백암면에 있는데, 읍내까지 버스로 20~30분 거리였다. 읍내에 5일장이 열리면 아버지는 논밭에서 키운 것들을 거둬 장터에 팔러 갔다. 새벽 일찍 보리밥에 물 말아 드시곤 나가셔서 오후 서너 시쯤 되면 돌아오셨다. 당시 짜장면 한 그릇이 400~500원 정도였다. 그 돈을 아끼려고 점심을 거르고 반드시 집에 돌아와 늦은 점심을 드셨다.

약간 절룩거리는 걸음걸이로 "장에 갔다 오마" 하시곤 신작로로 나서던 아버지의 뒷모습이 눈에 선하다.

'기록' 하니 떠오르는 일이 또 하나 있다. 우리 집안이 잃었던 땅을 되찾게 되었을 때다. 그것은 내 동생 때문에 가능했던 일이었다.

나는 4형제로, 위로 형님이 한 분, 아래로 남동생 두 명이 있다. 막내가 법원에 취직하면서 등기소 일을 맡은 적이 있다. 부동산 관련 각종 서류를 등록하거나 보관하는 행정 기관 말이다. 거기에 발령받아 우리 할아버지 명의 논밭을 찾다 보니 그동안 우리가 알지 못했던 땅이 있다는 사실을 알게 되었다. 비록 자투리에 있는 작은 땅이지만 할아버지가 돌아가신 지 50년이 넘도록 그 땅이 우리 땅인 줄도 모르고 살고 있었던 것이다. 다른 사람이 자기 땅처럼 농사를 짓고 있었다.

내가 아버지 상이 기록을 찾아내 우리 집안이 국가유공자 집안이 되면서 아버지는 연금을 받게 되었다. 동생들이 학비를 제공받고 공직에 임용될 때 혜택을 받는 자격 또한 얻게 되었다. 나는 이미 내 손으로 대학을 졸업해 아무런 가산점이 없이도 장교가 되어 있었다. 혜택은 동생들이 누렸는데, 그 무슨 운명의 조화인지 막내가 법원 공무원이 되어 잃었던 땅을 되찾을 수 있었다. 운명의 나비 효과 같은 일이다.

아버지가 조금 더 젊을 적에 국가유공자 자격을 얻었더라면 어땠을까. '우리가 어렸을 때 그 고생을 하지 않아도 되었을 텐데'라는 생각을 했던 적이 있다. '그렇게 힘들여 대학을 다니지 않아도 되었을 텐데' 하면서 한숨을 내쉬기도 했다. 아무렴 그렇지 않겠는가. 나도 인간이니까 그런 씁쓸한 감정을 느낄 때도 있었다. 그렇더라도, 지난날의 모든 것이 오늘의 나를 만들었다는 생각을 갖는다. 삶의 우여곡절이 있었기 때문에 지금의 성과와 혜택에 더욱 큰 고마움을 갖는다.

## 아버지가 운다

2020년 5월 우리 정부는 화살머리고지에서 유해가 발굴된 전사자 고 정영진 하사의 아드님에게 화랑무공훈장을 수여했다. 정 하사에게는 1954년 10월에 이미 화랑무공훈장 수여가 결정되어 있었지만, 당사자가 전사하여 실제 훈장 수여가 이뤄지지는 않았다. 아버지에게 훈장이 수여됐다는 사실조차 모른 채 66년동안 살아왔던 가족이 그때야 훈장을 받게 된 것이다.

그 소식을 들으면서 우리 가족이 겪었던 일들이 한참 머리를 스치고 지나갔다. 그 66년이라는 세월의 무게 앞에 마음이 무거워졌다. 지금도 기록과 기억의 망각 사이에서 자신이 알아야 할 것을 알지 못하고 받아야 할 것을 받지 못한 채 살아가고 있을 많은 사람들에 대해 생각했다.

정영진 하사의 가족 이외에도 이런 일은 숱하다. 정전협정이 체결된 뒤 정부는 전쟁 과정에 수훈을 세운 장병들에게 무공훈장을 수여했지만 당사자나 가족이 받지 않고 기록에만 잠자고 있는 훈장이 많았다. 당사자가 전사하거나 실종되기도 하고, 당시 병적 기록이 한자로 되어 있어 해독이 어려운 경우 또한 많았다고 한다. 기록이 본명이 아니라 아명(兒名)으로 적힌 경우도 적지 않았다.

2019년 정부는 '6·25 무공훈장 찾아 주기 조사단'까지 구성해 잃어버린 훈장을 찾아 주는 사업을 벌이고 있다. 당사자나 유족에게 전달하지 못한 미지급 훈장이 2018년 기준으로 5만 8천여 개에 달했는데, 5년 활동 끝에 2만 5천여 개 훈장이 주인을 찾아가게 되었다. 이젠 잃어버린 훈장, 잊고 있던 영광을 끝내 찾아 주려는 정도까지 우리나라가 발전했다고 기뻐할 일 아닐까.

내 기억의 수첩은 다시 가족으로 향한다.

내가 지상작전사령부 참모장을 하던 때 어머니께서 돌아가셨다. 사단장이 되었을 때 혈액암 선고를 받으셨고, 3년간 투병하신 끝에 돌아가셨다. 그토록 바라던 '아들이 장군 되는 모습'을 보셨고, 모자에 별이 두 개로 늘고, 다시 세 개나 되는 과정을 지켜보며 병마를 이겨내셨지만 끝내 암세포의 무게를 견디지 못하셨다.

앞으로 한 달 정도밖에 사시지 못할 것이라는 병원 측의 이야기를 듣고, 어머니 마지막 가시는 길이라도 가볍게 해 드리려고 일부러 시골집으로 모셨다. 친인척과 동네 사람들, 가까운 친구분들과 작별 인사라도 하시게 한 것이다. 어머니가 돌아가신 날이 토요일이었는데 북한이 탄도미사일을 쏘는 바람에 부대에 들어가 상황 조치를 하고 다시 시골집으로 돌아와 보니 어머니는 이미 숨을 거두셨다. 북한군 때문에, 수시로 쏘아 대는 미사일 때문에, 어머니 임종도 지키지 못했다. 군인과 군인 가족의 숙명이다.

사령부에서 시골집까지는 30~40분 정도 밖에 걸리지 않았다. 그런데 그마저도 안보 상황 때문에 자주 찾아뵙지 못했다. 게다가 우리 집에서 사령부까지 거리가 15분 정도라서 출퇴근을 할 수도 있었지만 비상사태가 벌어지면 1초라도 빨리 참모부를 이끌어야 하는 참모장으로서는 사령부에 달린 관사에서 생활할 수밖에 없었다. 이것도 군인의 숙명이다.

어머니가 돌아가셨을 때 아버지가 많이 우셨다. 우리 아버지가 그렇게 서럽게 우는 모습은 생전 처음 봤다.

요즘 아버지가 종종 어머니를 찾는다.

"네 어머니, 어디 가셨니?"

그 모습을 보면서 내가 운다.

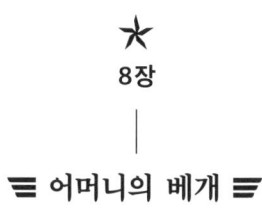

## 8장

## ☰ 어머니의 베개 ☰

**어디 갔다 왔니?**

어머니는 자상하면서 엄격한 분이셨다. 어릴 적에 어머니에게 회초리를 맞은 적이 있다. 초등학교 1학년 때다.

장맛비 내리고 산딸기 익어갈 때니 6~7월쯤 되었을 게다. 예전에는 유치원이든 어린이집이든 시골에는 없었으니 초등학교가 생애 최초 교육 기관이었다. 6~7월이면 학교 생활에도 좀 익숙해질 무렵. 사람이 어떤 것에 '익숙해져 간다'는 것은 긴장의 끈이 느슨해지거나 더러 교만해지는 변화를 의미하는 것일까. 등굣길에 딴 길로 빠져 학교를 결석했다. 동네 형들 몇몇과 어울려 산에 들어가 산딸기를 따먹었다.

산길에 산딸기가 많은 곳을 발견했는데 야생 산딸기의 유혹을 떨칠 수 없었던 것 같다. 처음엔 딱 몇 개만 먹고 가자고 하면서 숲속에 들어갔는데, 그러다 등교 시간을 놓치니 '에라 모르겠다' 하는 심정에 온종일 이 산 저 산 뛰어다니며 동네 형들과 놀았던 것 같다. 그러다 하교 시간에 맞춰 집에 돌아갔다.

집에 전화기가 없을 때다. 학생이 결석해도 교사가 부모에게 연락할 방도가 없던 시절이다. 집안일을 도우려 결석하는 아이들이 농촌에선 적잖던 시절이라, 웬만한 결석도 그러려니 하던 시절이었다. 그래서 동네 형들이 '너희 어머니는 모르실 거야' 하면서 꼬드겼던 것 같기도 하다.

대문을 열고 들어서니 어머니가 딱딱한 표정으로 마루에 앉아 계셨다. "어디 갔다 왔니?" 느닷없는 질문에 얼버무리며 "하, 하, 학교"라고 대답했다. 어머니는 회초리를 준비해 놓고 계셨다. 그날 엄청나게 맞았다.

사실 그것이 어머니께 처음이자 마지막으로 맞은 기억이다.

그날 이후로 고등학교를 졸업할 때까지, 아니 대학을 졸업할 때까지, 아무리 감기 몸살이 나거나 아파도 수업을 빠져본 적이 없다. 학교에 기어가서 한두 시간 앉았다 돌아오는 한이 있어도 학교에 갔다.

그러나 돌이켜 보면 나는 어머니의 가르침을 잘못 이해했던 것 같다. 어머니가 가르치려 했던 것은 '무슨 일이 있어도 학교에는 가라'는 뜻이 아니었다. 아파도 기어서라도 학교에 가란 뜻은 더욱 아니었을 것이다. '거짓말을 하지 말라'는 가르침이셨다. 어머니는 내가 산딸기 따먹으러 숲속에 들어간 것에 화를 냈던 것이 아니라 그래 놓고도 학교에 다녀왔다고 거짓말을 한 것을 엄히 나무란 것이다.

그런 가르침을 어느 정도는 이해했는지, 그 뒤로 살면서 거짓말을 하지 않게 되었다. 아무리 군색한 상황에 처하더라도 사실을 사실대로 말하고 해법을 모색하는 방향으로 문제를 해결하게 되었다.

당시 우리 집에서 학교까지 거리가 3㎞ 정도 되었다. 초등학생 걸음으로 40~50분 정도 걸렸다. 포장도 되지 않고 완전히 자갈밭이었던 그 길을 걷고 뛰고 하면서 학교에 갔다. 마을에서 학교까지 가는 버스가 1시간에 2대 정도 있긴 했는데 당시에는 '버스 타고 등교한다'는 것은 상상조차 해 보지 못한 일이었다.

비가 오나 눈이 오나, 폭풍이 몰아쳐도, 매일 그렇게 6㎞를 걷고 뛰었으니 내 튼튼한 기초 체력은 그때 길러진 것 같다. 나중에 마라톤을 하게 된 것도 그때 기른 체력 덕분으로 여긴다. 중학교 때는 7㎞ 넘는 거리, 왕복 15㎞ 정도를 자전거로 오갔다. 군 생활을 하면서 "소대장님 체력은 대체 어디서 나오는 겁니까?"라는 질문을 듣곤 했는데, 그 말은 중대장, 대대장, 연대장, 사단장이 될 때까지 줄곧 들은 말이었다.

군복을 벗고 나서는 고향 인근에 집을 마련해 살고 있다. 무릎 건강을 생각해 이제 뛰지는 않고 천천히 동네 주위를 걷는다. 산딸기는 아무리 둘러봐도 보이지 않는다.

## 식모살이

어머니는 1944년생이시다. 6.25전쟁이 일어났을 때 어머니는 초등학교 1학년이셨다. 학업은 거기서 멈췄다. 피난 갔을 때 '천막 학교'라는 곳을 다녔다고 한다. 전쟁 중에 임시로 천막으로 만든 학교다. 거기서 6년치 수업을 3년에 치르곤 졸업장을 받았다는데, "나는 국민학교도 제대로 못 나왔어"라는 말씀을 어머니는 입버릇처럼 달고 다니셨다. 그래서 그랬을까. 어머니의 교육열은 대단했다. 나는 못 배웠어도 자식들은 배우게 하겠다는 열정 하나만큼은 대단하셨다.

우리 집은 4형제다. 큰형은 중학교 2학년 때 큰아버지 댁에 보내져 서울에 있는 학교를 다녔다. 당시에는 그랬다. 큰아들에게 많은 것을 몰아줬다. 둘째 밑으로는 많은 것을 포기해야 했다. 그 시절 나름의 선택과 집중이었던 셈이다. 그래서 나도 시골에 있는 고등학교를 다니며 형에게 모든 것을 밀어줘야 하는 운명이었는데 어머니의 억척같은 교육열로 도시에 있는 고등학교에 진학할 수 있었다. 경기도 수원에 있는 고등학교지만, 농촌 사람 시각에서 당시 수원은 큰 도시였다.

중학교 3학년 때 학교를 마치고 집에 돌아와 보니 어머니와 아버지가 언성을 높이며 다투고 계셨다. 아버지는 평소 말수가 별로 없으시고 혹여 말해도 나긋나긋 조용히 말씀하시는 분이신데 그날은 무슨 일인지 "우리 형편에 그게 가능해?"라는 높은 톤 목소리가 들렸다. 내 진로 문제를 놓고 다투셨던 것이다.

아버지는 장남을 서울에 보냈으니 장남이나 잘 배울 수 있도록 신경 쓰자는 쪽이었고, 어머니는 "내가 식모살이를 하는 한이 있어도 상철이는 도시에 보낼 것"이라고 대꾸하셨다. 그 '식모살이'라는 표현이 왠지 서러워, 내가 마치 큰 죄라도 지은 것마냥 담벼락에 몸을 숨기고 숨을 죽였다. 나는 그렇게 도시(경기도 수원)에 있는 고등학교에 가게 되었다.

몸 하나 간신히 누울 수 있는 손바닥만 한 자취방에서, 새벽마다 홀로 도시락을 2개 싸서 학교에 가, 매일 아침 7시부터 밤 10시까지 공부하다 돌아오는 팍팍한 생활이었지만 고달프다는 생각은 들지 않았다. 좀 힘들 때마다 '식모살이'라는 어머니의 말이 귓전에 울렸다. 우리 어머니 힘들게 하지 말자고, 착실하게 학교 다니면서 열심히 공부하자고 스스로 다짐했다. 고교 3년 동안 2년은 자취, 1년은 기숙사 생활을 했는데, 내 일상을 감독했던 사람은 없었지만 늘 어머니가 함께 있는 것 같은 기분이었다. "우리 상철이는 크게 될 녀석"이라고 어머니가 아버지에게 했던 말씀이 언제나 가슴을 부여잡았다. 어머니는 언제나 그렇게 곁에 계셨다.

그리고 보면 그 시절의 어머니들은 거의 다 그러셨는데, 다만 자식들이 그것을 어떻게 받아들였느냐 하는 정도의 차이는 있는 것 같다. 일찍 깨닫고 부모 뜻대로 착실하게 산 친구가 있었는가 하면, 좀 어긋난 삶을 살았던 친구도 있었지만, 어쨌든 분명한 건 나중에 우리는 대부분 부모가 되었다는 사실이다.

그동안 우리가 '부모로서' 어떻게 살았는지 조용히 관조해 보면, 부모에게 배운 대로 부모 노릇을 하는 친구도 있고, "내 부모가 그랬으니 나는 그러지 말아야겠다"고 말하는 친구 또한 솔직히 있었다. 어쨌든 역설적으로 분명한 건, 우리에겐 '부모가 있었다'는 사실이다. 부모 없이 태어난 자식은 없다. 좋든 싫든 부모가 있었으니 지금의 내가 있는 것 아닐까. "주어진 조건에 원망하지 말고 네 삶을 살라"는 것도 내가 어머니께 배운 교훈 가운데 하나다.

유대인 속담 가운데 이런 말이 있다고 한다.

"신이 모든 곳에 있을 수 없어 어머니를 만들었다."

어머니는 그렇게 모든 곳에 계셨다.


## 기념 수건

돌아보니 어머니는 내게 "출세하라"는 말씀을 하신 적이 한 번도 없다. 다만 "건강해라", "몸 생각해라"는 말씀은 거의 매일같이 하셨다. "형제간에 우애 있어라", "네 형에게 잘해라", "남한테 신세 지지 말고 살아라"는 말씀도 어머니의 상용 어록 가운데 골라낸 말이다.

어머니는 스무 살에 아버지에게 시집왔다. 이모가 우리 옆집에 시집와 먼저 살고 있었는데, 옆집 사는 총각이 수더분하고 좋아 보였던가 보다. 그래서 외할머니에게 "우리 민자를 그 총각이랑 맺어주면 좋겠다"고 소개하셨다고 한다.

외갓집은 우리 집에서 3㎞ 떨어진 마을에 있다. 외갓집에 갈 때면 큰 개울가 징검다리를 건너야 했는데, 어쩌면 조그만 개천 하나에 불과했지만 거길 깡충 넘어가는 기분이 어찌나 좋던지, 지금 해외여행 떠나는 설렘만 못지않았다. 외갓집 사립문을 열고 "할머니!" 하고 외치면 외할머니가 버선발로 뛰어나와 "아이고, 우리 상철이 왔구나" 하며 맞아주셨다. 외할머니의 손길에는 누구보다 다정하고 따뜻한 기운이 느껴졌다. 그건 애틋함이 었는지도 모르겠다.

어머니는 8남매 가운데 셋째로 태어났다. 나는 4형제 가운데 둘째다. 외할머니는 종종 "상철이 너는 지기 싫어하는 성격이 네 애미를 꼭 닮았다" 하시며 내 머리를 쓰다듬곤 하셨다. "커서 장군이 되거라"라는 말씀이 친가 할머니와 똑같았다.

나중에 계급이 올라가고 생활이 어느 정도 안정되면서 내가 꿈꿨던 가정의 모습이 있다. 어머니 아버지를 집에 모시고 아침마다 안방에 들러 "다녀오겠습니다" 인사하고 출근하는 풍경이었다. 그게 나에게는 일종의 로망이었다. 하지만 그 꿈은 이루지 못했다.

군인의 인생은 정주(定住)를 허락하지 않는다. 군인이 계급이 올라간다는 것은 더 많은 권한을 누리는 것이 아니라 더 엄격한 책임을 끌어안는 일이다. 중요한 자리에 올라갈수록 거부할 수 없는 역할이 주어진다. 일이 년에 한 번 이사하는 일은 전역하는 순간까지 이어졌고, 어머니가 암 선고를 받았을 때에야 뒤늦은 각성을 하며 고향 마을에 집을 마련하고 자주 찾아뵈려 노력했다. 하지만 그마저도 작전사령부 참모장이란 역할 때문에 실천이 쉽지 않은 다짐이었다.

요즘 말로 하면 우리 어머니는 '옛날 어머니'다. 농사를 지으면 그해 수확한 것 가운데 가장 좋은 것을 골라 큰집으로 보냈다. 나는 그런 것에 한 번도 불만을 가져본 적이 없다. 어머니가 농작물을 알뜰하게 살피다가 제일 싱싱하고 꽉 찬 것을 골라 택배 상자에 담으시는 모습을 흐뭇하게 지켜보곤 했다.

어머니가 돌아가시기 전까지 우리 형제는 매년 가을에 온 가족이 모여 김장을 담갔다. 어머니가 총책임자가 되고 며느리 4명이 바삐 움직였다. 그러고 보면 그런 시집살이에 불만을 갖지 않고 ― 물론 마음속으로는 불만이 있었겠지만 ― 고분고분 따랐다는 점에서 우리 아내나 형수, 제수는 '옛날 며느리들'이었다. 그것이 옳다는 것이 아니라, 그때는 시대가 그랬다.

어머니가 돌아가신 이듬해에도 형제는, 아니 며느리들은 가을에 모였다. 여느 때면 김장을 해야 할 텐데 어머니 위패만 허망하게 바라보고 있자니 어머니 생각이 더욱 간절했다. 온 가족이 떠들썩 배춧속을 채워 넣던 그때로 돌아갈 수 있다면 얼마나 좋을까. 이룰 수 없는 소원을 이야기하면서 이렇게 또 한 번 가을을 흘려보낸다. 어느새 형이랑 나는 퇴직하고 인생 2막을 살아가는 중이고 동생들도 곧 우리 뒤를 따를 것이다.

어머니 상을 치르고 유품을 정리하던 날이 생각난다.

평소 베고 주무시던 베개를 수습하는데 베개에 수건이 몇 겹 얹혀 있었다. 베개가 좀 낮아 그러셨는가 했는데 내가 장군이 되었을 때 만들어 주위에 돌린 기념 수건이었다. 맨 아래에는 별을 하나 달았을 때 만든 수건, 그 위에는 별이 두 개 되었을 때 만든 수건, 맨 위에는 별이 세 개가 되었을 때 수건이었다. '장군 수건'이 겹겹이 포개져 베개 위에 있었다. 회초리로 맞았던 그날보다 꺼이꺼이 소리 내 울었다.

8장 / 어머니의 베개

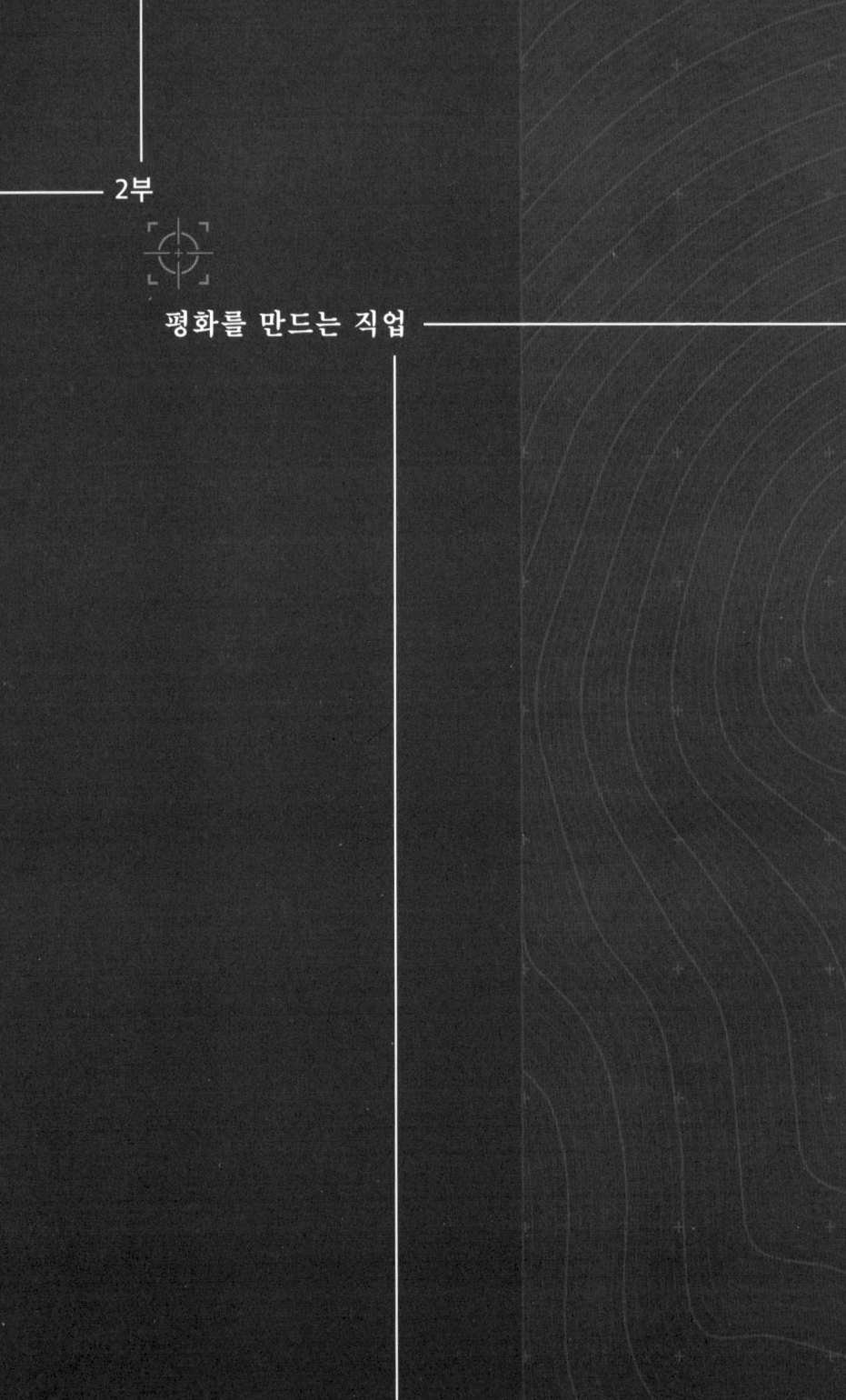

2부

평화를 만드는 직업

**9장**

# 군인은 어떻게 만들어지는가

## 직무의 무게

　34년 군 생활 가운데 기억에 남는 시절을 고르라면 소대장, 대대장, 그리고 사단장 시절을 꼽을 것이다.

　소대장 시절은 계급장에 다이아몬드 하나 달고 막 장교가 되어 팔팔 날아다니던, 꽃 같은 시절이다. 나이는 스물 서넛. 이끄는 인원은 20~30명 정도. 소대에는 나보다 나이 많은 병사도 있다. 그들 가운데 '리더'가 되어 함께 어울리고, 앞장서며, 군 생활의 재미를 알아가는 시기다.

　군에서 대대는 좀 특별한 의미를 갖는다. 보통 서너 개 소대가 모여 중대가 되고, 다시 서너 개 중대가 모여 대대를 이룬다. 일반적인 보병 부대에서 대대장은 500명 정도를 지휘하게 되는데, 대대장 때부터 휘하에 참모를 둘 수 있다. 작전과, 정보과, 인사과 같은 부서를 두어 참모부를 구성할 수 있는 것이다.

대대는 군에서 전투력의 기본이 되는 편제다. 한국전쟁이 일어나자 유엔군이 기본적인 파병 규모를 '대대급 이상'으로 삼았던 이유가 거기에 있다. 몽클라르 장군을 지휘관으로 한 프랑스 부대가 대대급으로 부대를 편성한 이유도 대대를 전투에 참여하기 위한 최소 단위 부대로 보았기 때문이다.

대대장이면 보통 중령이다. 나이는 40대 초중반 정도. 군 생활을 20년 정도 했을 무렵이다. 직업군인으로 관록이 쌓이고, 군에 '뼈를 묻을' 각오가 되어 있는 시절이다. 비유하자면 일반적인 회사에서 부장급 이상 관리자가 되어 있는 시기다. 대대장쯤 되면 군 전반적인 '작전'에 대한 시야가 생기게 된다. 소대장이 군 생활의 재미를 알아가는 시기라면 대대장은 군 생활의 '의미'를 분명히 깨닫는 시기다.

사단장은 '지휘관의 꽃'으로 불린다. 소대장이 마음으로 꽃 같은 시기라면 사단장은 경력으로 정점을 찍는 꽃 같은 시절이다. 하지만 직무의 무게는 결코 '꽃길'이 아니다.

일반적인 보병사단의 규모는 1만 명을 훌쩍 넘는다. 제2차 세계대전 때 스탈린이 루즈벨트에게 "그래서 교황은 몇 개 사단을 갖고 있는가?"라고 거만하게 물었다는 일화처럼, 군에서 사단은 예속으로만 구성된 최상급 부대이고, 일정 기간 독립적인 작전을 펼칠 수 있는 제병합동부대다. 쉽게 설명하자면 1개 사단 안에 보병, 포병, 기갑, 공병, 통신 등 주요 전투 병과가 다 있고, 정훈, 군사경찰, 병기, 병참 등 지원부대를 갖고 있어, 사단 자체로 완전한 작전을 펼칠 수 있는 것이다.

군인은 군복 왼쪽 팔뚝에 부대 마크를 단다. 군복에 병과와 소속을 드러내는 여러 표식을 달지만 왼쪽 팔뚝만큼은 누구나 부대 마크다. 그 부대 마크가 '같은 사단 안에서는' 누구나 동일하다. 그래서 사단장이 되었다는 것은 같은 마크를 다는 '내 부대'를 가졌다는 뿌듯함으로 다가온다.

사단장 위로 군단장이 있지만 군단장은 군단에 속한 모든 부대에게 직접 명령을 내릴 수는 없다. 군에서 사용하는 용어로 이것을 '사단은 군단에 배속은 되지만 예속은 되지 않는다'고 표현한다. (반면 소대, 중대, 대대 등은 모두 사단에 예속된다.) 군단장의 명령은 사단장을 통해 집행될 따름이다. 그만큼 사단이 군에서 갖는 의미는 각별하다. 그래서 사단장이 되었다는 것은, 단순히 직위가 최정점을 찍었다는 의미가 아니라, 군인으로서 핵심적 권한과 책무를 수행하고 있다는 각별한 사명감으로 다가온다.

만약 현역으로 돌아가 다시 군 생활을 시작한다면 나는 주저없이 "소대장으로 돌아가고 싶다"고 말하겠다. 조국을 위해 다시 처음부터 헌신하고 싶다. 물론, 다시 젊음을 찾는다는 욕심과 함께.

## 갑작스레 교수가 된 사연

내가 걸어온 34년 군 생활을 좀 더 구체적으로 돌아보자면, 소위로 임관해 제일 먼저 수행한 임무가 707특공연대 소대장이었다. 특공연대라 하면 특수한 작전 임무를 수행하는 부대다. 낙하산을 타고 적지 한복판에 투입되기도 하고, 대테러작전이나 요충지 확보 임무를 수행하기도 한다. 낙하산이 들어간 휘장을 군복에 자랑스럽게 달고 다닌다.

중위로 진급해 대대 작전항공장교 임무를 수행하다가 배치받은 곳이 3사관학교였다. 난데없이 교수가 되었다. 정확히 말하면 강사. 장교를 배출하는 3사관학교에서 경제학을 가르치던 교수님이 갑자기 국방부로 발령이 나서 교수 자리가 비었다. 내가 그 자리를 맡은 것이다.

경기도 광주에서 낙하산 훈련을 받고 있는데 듣도 보도 못한 3사관학교 교수님에게 전화가 왔다. "너, 교수 할 생각 없냐?" 군인에게 그런 건 의향에 대한 물음이 아니라 명령에 대한 확인에 가까웠고, 며칠 후 나는 짐을 싸서 경북 영천에 있는 3사관학교로 향했다.

갑작스레 교수가 된 사연이 좀 묘하다.

소위 때 육군 전체적으로 공산주의 경제이론을 비판하는 교관 경연대회가 열렸었다. 그때 대대장님이 나에게 "네가 한양대 경제학과 나왔으니까 잘하겠다" 하셔서, 경제학과를 나왔다는 이유 하나만으로 내가 교관 경연대회에 참가하게 되었다. 그런데 내가 군단 전체에서 1등을 해 버렸다. 다른 부대는 보통 대위들이 대회에 참가했는데 나만 유일하게 새까만 소위였다. 그럼에도 1등을 했다.

특별한 비결은 없었다. 대대장님께 "기왕 하는 것 제대로 해보고 싶습니다"라고 말씀드려 우리 부대에서 만화를 제일 잘 그리는 병사를 차출해 달라고 했다. 그래서 공산주의 경제이론 비판을 만화로 그렸다. 딱 그 아이디어 하나가 맞아떨어졌다. 그렇게 1등으로 뽑히면서 육군본부에서도 나를 알게 되었고, 3사관학교에 교수 자리가 비니 경제학 강사로 발령받는 절묘한 인연으로 연결됐다. 거기서 평생의 배필을 만나는 하늘의 인연이 맺어지기도 했다.

경제학 강사 책무를 마치고 배치받은 곳은 강원도 고성이었다. 최전방 GOP 철책을 지키는 22사단 중대장으로 18개월간 근무했다. 그러다 36사단 원주대대 중대장으로 또 발령받았다. 중대장은 보통 두 번 하는데, 앞엣것을 1차 중대장, 뒤엣것은 2차 중대장 시절이라고 부른다.

같은 중대장이지만 1, 2차 중대장 때 속해 있던 사단이 많이 달랐다. 강원도 원주에 있는 36사단은 이른바 향토사단이다. 정규 사단은 보통 소대 20~30명, 중대 150명 내외, 대대 500~600명 하는 식으로 인원이 늘어가 사단 전체 인원이 1만 명을 넘는데, 내가 36사단 중대장으로 발령받아 이취임식을 할 때 연병장에 모인 중대 전체 인원이 12명이었다. 일반적인 보병부대에서 일개 분대 병력밖에 되지 않는 규모다.

향토사단은 그렇다. 전시 편제 인원의 30% 미만 병력을 유지하다가 전쟁이 일어나면 동원 예비군들로 나머지 인원을 채운다. 그래서 평시에는 말 그대로 향토를 지키는 사단으로 역할을 수행한다. (향토사단은 지금은 '지역방위사단'이라고 부른다.)

GOP에서 1차 중대장 생활을 할 때 내가 데리고 있던 인원이 150여 명이었다. 원래 중대 정식 편제는 120여 명인데 전방 철책을 지키는 부대는 임무가 특별하기에 보직 인원의 120~130%를 채워 준다. 엊그제까지 그렇게 150명을 통솔하다가 12명을 앞에 놓고 중대장 노릇을 하려니 처음엔 약간 머쓱한 기분이었다.

향토사단은 장교 또한 많지 않으니 중대장이 대대 참모 역할까지 겸하게 된다. 그래서 나는 대대 동원과장에 이어 작전과장 업무까지 수행하게 되었다. 원래 대대 작전과장은 소령이 맡는다. 그런데 향토사단이다 보니 대위인 내가 그런 보직까지 맡았던 것이다. '대대 참모'의 역할이 무엇인지 제대로 아는 데에는 그보다 좋은 경험의 기회가 없었다.

소령으로 진급하고 발령받은 곳은 대구에 있는 어느 대학교 학군단이었다. 나도 학군단 출신인데 나보다 10살 이상 나이 차이가 나는 후배 예비장교들을 지도하게 된 것이다. 거기서 2년간 근무하면서 전국 93개 학군단 가운데 최하위였던 학군단을 전국 최우수 학군단으로 만들어 놓았다. 이후 육군대학을 수료하고, GOP 대대 작전과장, 육군본부 진급관리장교 등의 보직을 두루 거쳤다. 그리고 11군단 작전계획과장으로 자리를 옮겼다. 소대, 중대, 대대, 연대, 사단, 군단, 심지어 육군본부까지 모두 경험한 것이다.

뒤이어 중령 계급장을 달고 부산·울산을 지키는 53사단 대대장과 작전참모 임무를 수행했다. 이후 대한민국 후방 방어를 책임지는 제2작전사령부 전투부대훈련장교를 맡았다가, 대령으로 진급해 53사단 125연대장을 맡았다. 다음으로 제2작전사령부에서 지휘통제실장, 계획편성과장, 검열과장 등을 거친 후, 장군이 되어 제2작전사령부 교육훈련처장과 작전처장을 맡았다가, 별이 하나 늘어 제5보병사단장으로 임명되었다. 사단장 재임 시 DMZ 유해 발굴 작전 TF장을 겸했고, 별이 셋이 되자 군사안보지원사령관을 맡았다. 마지막 보직은 대한민국 전방을 총괄해 책임지는 지상작전사령부 참모장이다.

평시에 군인은 '지키는' 직업이다 보니, 한 지역에 붙박이로 근무하는 줄 아는 분들이 계신다. 그러나 내가 거쳤던 지역만 광주, 경기 이천, 경북 영천, 대구, 다시 광주, 강원 고성, 원주, 대전, 경기 연천, 계룡, 창녕, 부산, 다시 대구, 경기 용인 등 일생 대한민국을 두 바퀴 빙 돌면서 살았다.

군인은 한 가지 임무를 맡게 되면 계속 그 일만 하게 되는 줄 아는 분도 계신다. 물론 보병, 포병, 공병 등 병과에 따른 임무를 기본적으로 수행하지만 나처럼 전투부대에 있다가, 장교양성기관 교관으로 갔다가 하는 식으로 명령에 따라 다양한 임무를 수행한다. 큰 부대, 작은 부대, 전방부대, 후방부대, 상비사단, 향토사단, 전투지휘, 참모업무 등 두루 다양한 경험을 도처에서 쌓는다. 언제 어디서 어떤 부대, 어떤 보직을 맡겨도 임무를 수행할 수 있는 전천후 능력을 확보하는 것이다.

그렇게 숱한 경험을 거쳐야 너른 시야에서 작전을 수행할 수 있는 능력을 갖춘다.

군인은 그렇게 만들어진다.

## 이유 없이 생겨난 과정은 없다

우리나라 군의 진급 체계라든지 교육 시스템은 일반인이 생각하는 것 이상으로 정교하고 훌륭하다.

소위가 되면 OBC(Officer Basic Course)라는 병과별 필수 교육 과정을 거친다. OBC는 보통 4~5개월 소요된다. 대위가 되면 OAC(Officer Advanced Course)라는 24주 교육을 받아야 한다. 소위 때는 초등군사반, 대위 때는 고등군사반. 소위 때는 장교로서 기본적인 소양을 배우고, 대위 때는 중대장 및 참모로서 갖춰야 할 소양을 쌓는다.

소령이 되면 소위~대위와는 다른 영관급 장교가 되는 것이니 육군대학(지금은 합동군사대학)에 가서 영관급 장교가 갖춰야 할 실무와 전술 지식을 6개월~1년 동안 교육받는다.

대령이 되면 국방대학교 안보과정에 들어갈 자격을 얻는다. 대령 진급자는 누구나 거치는 교육 과정은 아니고 선발된 인원만 입교하는데, 다양한 분야의 사람들과 인적인 네트워크를 구성하고 견문을 쌓게 해 주려는 목적을 인원 편성에서부터 읽을 수 있다. 1년 동안 200명이 함께 교육받는데, 동기생 중에는 대령뿐 아니라 장성도 있고, 육해공군이 모두 함께 있으며, 군인뿐 아니라 4급 이상 고위공무원, 공기업 임원 등 다양한 사람들이 한 강의실에서 공부한다. 군이라는 울타리를 넘어 사회 각계와 인맥을 쌓고, 민관군(民官軍) 협력이 필요한 분야의 안목을 넓히는 기회가 된다. 심지어 외국군 장교도 유학을 와서 함께 교육받으니 시야의 폭이 아주 넓어진다.

내가 국방대학 안보과정을 마치고 첫 보직으로 발령받은 곳은 부산 중서부 일대를 관할하는 부대의 연대장이었다. 관할 구역이 그렇다 보니 해군, 해경과 협조할 일이 많았고 부산시, 나아가 수협과 협조할 일도 생겼다. 부산해양경찰서장이 안보과정을 같이 이수한 분이었고, 해군작전사령부 참모장도 그때 같이 교육을 받은 장성이었다. 부산시와 수협에도 함께 교육받은 분들이 있었다. 국방대 안보과정이 왜 필요했던 것인지, 나중에 실전을 통해 깨달았다.

군에서는 상위계급으로 올라가기 위한 최소 복무 기간이라는 것이 있다. 소위가 중위가 되기 위해서는 1년, 중위가 대위가 되기 위해서는 2년, 대위가 소령이 되기 위해서는 최소 7년은 복무해야 하는 식이다. 최소 복무기간을 채우면 진급 대상자가 된다. 진급 대상에 올라간 첫 해에 진급한 사람을 "1차 진급했다" 말하고, 이듬해에 진급하면 "2차 진급했다"고 한다. 나는 소위에서 사단장에 이르는 모든 계급을 학군단 출신으로는 유일하게 1차로 진급했다.

그 빠른 진급을 "출세했다"고 말씀해 주시는 분들이 많았다. 부러움과 격려의 뜻이리라. 하지만 어머니가 내게 "출세하라"는 말을 평생 한 번도 하지 않았던 것처럼, 나도 진급 자체를 목표로 삼고 살지는 않았다.

나름대로 최선을 다해 군인으로 살아왔지만, 좋은 부대원들이 있었고 하늘의 보살핌이 있어 특별한 사고 없이 진급의 계단을 밟아왔다고 생각한다. 목표는 뚜렷했지만 '빠르게'라는 속도에 연연하지는 않았다. 다만 오늘에 최선을 다하면서, 밑에서부터 차근차근 '과정을 밟아' 올라가는 일의 소중함을 돌아보곤 했다.

군대에서 계급이 올라갈 때마다 다양한 교육을 받았다. 그럴 때마다 이유 없이 생겨난 교육 과정은 없다는 사실 또한 깨닫게 되었다. 그리고 지휘관 한 명을 양성하기 위해 국가가 얼마나 많은 시간과 비용을 투입하는지 돌아보며 나를 키워준 조국에, 대한민국이라는 공동체에, 감사하게 되었다.

교육의 목적은 순종이 아니라 계발 아닐까. 그런 측면에서 '나를 찾게 해 준' 교육이었다.

# 10장

## ≡ 맺어질 인연은 맺어진다 ≡

### 서로 의지하며 사는 관계

"이 중위, 이번 주말에 약속 있나? 선약 없으면 식사나 같이 하지."

퇴근하려는데 인문학처 사학과장님이 물었다.

3사관학교는 인문학처, 사회과학처, 이학처, 공학처 등 4개 처로 구성되어 있는데, 인문학처 사학과장님은 역사를 전공한 분이었다. 경북 영천에 있는 3사관학교는 팔도 사나이가 다 모이는 곳이기는 했지만, 사학과장님의 구수한 전라도 사투리는 학교 안에서도 유난히 귀에 크게 들리는 목소리였다. 역사를 가르치시니 조용히 공부만 하는 스타일로 상상하기 쉽지만, 풍채 좋은 체격에 테니스, 골프 등 스포츠를 좋아하고, 베트남전쟁에 수색부대 중대장으로 파병돼 여러 전투를 치른 강골 야전군인 출신으로 유명했다.

나는 사회과학처 소속이어서 인문학처 사학과장님은 직속 상관은 아니었다. 그런 분이 자꾸 밥을 먹자고 하니 좀 의아한 측면이 있었다. 선약이 있다, 고향집에 가기로 했다, 하면서 두어 차례 거절했는데 번번이 거절하는 것도 좀 무례한 일 같아 나중에는 수락했다.

주5일 근무제가 도입되기 전이라 당시에는 토요일에도 근무했다. 업무를 마치고 사학과장님 댁으로 향했다.

갔더니 입이 떡 벌어질 법한 풍경이 안방에 펼쳐져 있었다. 방 한가운데 상이 있는데, '상다리가 휘어진다'는 말은 이런 경우를 두고 하는 말이구나 싶을 정도로 성대하게 음식이 차려져 있었다. 사모님이 한나절 땀흘려 준비하셨을 걸 생각하니 고맙기도 하고 송구하기도 했다. 그리고 의아한 마음이 스쳤다. 일개 경제학 강사에 불과한 나에게 굳이 이렇게 하시는 이유는 뭘까.

눈치 없는 나는 그 이유를 당장 눈치채지 못했다.

사학과장님은 딸만 넷이라고 했다. 다른 따님은 집에 없고, 둘째만 안방에 들어와 사학과장님 옆에 앉았다. 나랑 둘째 따님이 마주 앉는 자리 배치였다. 그때에도 나는 이유를 눈치채지 못했다.

식사는 의외로 빨리 끝났다. 그런데 사학과장님이 자리에서 일어나시더니 지갑에서 만 원짜리 다섯 장을 꺼내 내게 건네는 것 아닌가. 깜짝 놀랐다. 당시 중위인 내 월급이 25만 원 정도였다. 5만 원은 꽤 큰 돈이다. 액수의 많고 적음을 떠나 갑자기 웬 돈을 주시는가 싶어 눈을 동그랗게 떴다.

"우리 딸이랑 나가서 영화나 한 편 보고 들어가게나."

그때야 나를 댁으로 불러 성대한 식사를 제공한 이유를 알았다.

한 명의 군인이 탄생하는 과정은 체계화된 교육을 통해 이루어지지만, 한 쌍의 부부가 탄생하는 과정은 하늘이 내린 인연으로 시작하지 않나 싶다. 혹은 누군가의 치밀한 계획으로.

한눈에 봐도 아내는 조용하고 성실한 사람이었다. 부친을 따라 역사를 전공했고, 대구의 어느 여행사에서 일하고 있었다. 부친을 따라 수십 번 이사했으니 군인 가족으로 사는 고단함도 익히 잘 알고 있었다.

그런데 그때 나는 서로를 비교해, 내가 아내에게 한없이 부족한 사람이라고 여겼다. 내가 어찌 이런 사람이랑 맺어질 수 있단 말인가. 이 사람을 잘 책임질 수 있을 것이란 자신감이 생기지 않았다. 그래서 영화 보고 차 마시고, 애프터 신청도 하지 않은 채 좀 무례하게 첫 만남을 마무리했다. 얼마 뒤 사학과장님이 나를 한 번 더 부르셨다. 이제 의도를 분명히 알았으니 겸연쩍었지만 다시 댁으로 갔다. 아내는 자존심이 상할 법도 한데 따뜻하게 맞아주었다.

두 번째 만남에서 '이 사람이랑 나는 그냥 단순한 인연은 아닌 것 같다'는 생각이 들었다. 상대를 일방적으로 책임지는 관계가 아니라 서로 의지하며 사는 관계가 부부라는 사실은 살아가며 천천히 깨닫게 되었다. 우리는 그렇게 30년 넘는 세월을 한 이불을 덮고 살아가는 중이다.

**따뜻한 밥 한 공기**

나는 불교 신자다. 알다시피 불교에서는 인연을 중시한다.

불교에서 '인연'이란 용어는 산스크리트어 니다나(Nidana)에서 유래하는데, 니다나의 뜻은 '원인'이다. 인연에서 인(因)은 직접적이고 내적인 원인을 말하고, 연(緣)은 간접적이고 외적인 원인을 가리킨다. 붓다는 '존재하는 모든 것은 인연으로 생겨나 인연으로 흩어진다'고 말했다. 세상 모든 것에 원인이 있고, 하나의 원인이 또 다른 원인으로 이어진다는 뜻이다.

    맺어질 인연은 어떻게든 맺어지는 법인지, 아내를 만나고 얼마 뒤에 나에게 커다란 불행이자 행운이 찾아왔다.

    3사관학교에 근무하면서 나는 대구와 영천을 오가느라 작은 승용차를 한 대 구입했었다. 아내와 교제를 이어가던 어느 날, 아내를 처가에 내려주고 영천으로 돌아오는데 음주운전자가 역주행해 달려오는 차량과 정면으로 부딪쳤다. 상대 차량은 탑승자 가운데 2명이 현장에서 사망했으니 꽤 큰 사고였다. 나는 다리를 다쳐 서른 몇 바늘을 꿰매야 했지만 사고에 비해 그리 큰 부상은 아니었다. 정말 불행 중 다행. 하늘이 도운 일이었다. 자동차는 구입가보다 수리비가 많이 들 정도여서 폐차했다.

    사고가 났을 때, 병원에 실려 가 곧장 수술을 받아야 하는데 병원 측에서 보호자 연락처를 알려 달라고 했다. 밤 11시가 넘은 시각이었다. 멀리 용인에 사는 부모님을 놀라게 할 순 없지 않은가. 하릴없이 미래의 장인 장모가 되실 분들께 연락드렸더니 미래의 아내가 될 사람도 함께 뛰어왔다. 아내는 자기랑 헤어져 이렇게 다친 모양으로 나타났으니 마치 자신의 잘못인 것처럼 안절부절 못 하는 모습이었다. 아니라고, 당신 잘못이 아니라고, 손사래를 쳤다. 병원에는 한 달 정도 입원했다. 그때 장인, 장모, 아내가 지극정성으로 나를 보살펴 주었다.

퇴원하고 간부 숙소로 돌아왔지만 아직 몸이 완전히 회복된 상태는 아니었다. 그것을 알고 장인어른이 "주말에는 그냥 우리 집에서 지내시게"라고 말씀하셨다. 아직 결혼도 하지 않았는데 어떻게 그럴 수 있는가 했더니, 무작정 짐을 실어 처가로 끌고 가다시피 나를 데려갔다. 가봤더니 이미 방 한 칸을 내 방으로 만들어 놓고 계셨다. 주말마다 장모님이 소고기죽, 전복죽을 만들어 한술이라도 뜨고 가라며 숟가락을 쥐어 주셨고, 언제나 푸짐하고 따뜻한 밥상을 차려 주셨다. 퇴근하고 간부 숙소에 들어가면 반겨 주는 이 하나 없는 생활을 하다가 갑자기 이런 호강을 누리니 눈물이 핑 돌았다.

그렇게 팔자에도 없는 데릴사위 신분으로 살다가 연말 즈음 결혼식을 올렸다. 제주도에 신혼여행 갔다가 돌아오니 발령이 나 있었다. 광주로 갔다. 연탄을 때는 9평짜리 아파트에 신혼살림을 풀었다. 예전에 광주에서 근무할 때는 혼자였는데 이제는 둘이었다. 둘이서 이사를 다닐 때마다 점점 짐도 늘고 식구도 늘었다.

## 열아홉 번의 이사

34년 군 생활 동안 나는 열아홉 번 이사를 다녔지만 우리 장인에 비하면 명함도 내밀지 못하는 경력이다. 장인은 40년 군 생활 동안 서른 몇 번 이사를 다녔다는데, 이사인지 아닌지 애매한 경우가 있어 스물 몇 번까지 세다가 포기했다고 한다. 이사를 하고 아직 짐을 풀지도 못했는데 발령이 나서 곧장 다른 곳으로 옮긴 경우마저 있었다니 말이다.

그런 아버지를 따라다녔으니 아내는 전국 팔도 살지 않은 지역이 없을 정도다. 아내의 수더분한 성격은 그런 가운데 생겨나지 않았을까 싶다. 아내는 웬만한 일도 덤덤하게 받아들이고, 30년을 넘게 함께 살면서 아내가 화를 내는 모습을 본 적이 거의 없다.

아내는 도시보다 시골을 좋아한다고 말하곤 한다. 아내의 표현을 빌리자면 도시보다는 "적당한 시골"이 좋다나. 무슨 말인가 곰곰이 속뜻을 살펴보니, 아내는 평생 군부대가 있는 지역만 골라 살다 보니, '시골은 아니지만 그렇다고 도시도 아닌 곳'에 적응이 된 것 같다, 서울이나 대도시에 가면 "어지러워 못 있겠다"고 엄살을 부린다. 그런 모습이 왠지 애잔하게 느껴진다.

아내의 이야기는 다시 장인의 인생으로 인연이 잇닿는다.

장인은 전라남도 강진이 고향이다. 남쪽 끝 바닷가에 있는 마을이라 6.25전쟁이 일어나고 7월 중순 즈음에야 북한군이 장인의 고향 마을까지 밀고 내려왔다고 한다. 북한군이 진주한 날, 운명의 장난인지 그날은 장인어른의 할아버지 회갑 잔칫날이었다고 한다. 스무 살쯤 되어 보이는 앳된 북한군 장교가 허리에 권총을 찬 채 성큼성큼 마당에 들어오더니 제일 상석에 거만하게 자리를 잡고 앉는 모습이 수십 년이 지난 지금까지도 잊혀지지 않는다고 한다. 아홉 살 소년의 눈에도 두렵고 불길하고 염려스러웠을 것이다.

장인이 살던 마을 아이들은 학교에 가려면 언덕을 하나 넘어야 했다고 한다. 북한군이 들어온 이후로 동구 밖 언덕에서는 매일같이 '재판'과 '처형'이 이루어졌다. 지주, 경찰, 공무원, 그리고 그들의 가족, '인민정부'에 협조하지 않는 사람들을 언덕에서 처형했다고 한다. 총으로 쏘거나 죽창으로 찔러 죽이고 돌무덤을 쌓아 그 위에 시체를 보란 듯 눕혀 놨다는데, 등하굣길에 그것을 보는 일이 너무도 무섭고 끔찍했다고 한다. 다시는 이런 세상이 있어서는 안 된다고, 어린 나이에도 눈을 질끈 감으며 결심했다고 한다.

그러한 경험과 사연으로 장인은 대학에서 역사학을 공부했고, 군인의 길을 택했다. 나는 ROTC 28기인데, 장인은 ROTC

2기 '대선배'다. 거의 학군 창설 원년 멤버라고 할 수 있다.

다들 나름의 이유를 갖고 군인의 길을 선택한다. 처음부터 투철한 국가관이나 사명감, 뚜렷한 사연이 있어 군인이 되는 경우도 있지만 그냥 숱한 직업 가운데 고르고 고르다 군인이라는 직업을 택한 사람도 있을 수 있다. 그들을 나무랄 이유는 없다. 어쨌든 군인의 길에 들어섰고, 군인으로서 책무를 다하면 되는 것이다. 사명감은 원인이 아니라 과정을 통해 생겨나기도 한다.

장인어른이 성장하던 1940~1950년대는 지금처럼 경제가 발전하지 않아 기업이 별로 없던 때다. 교사와 군인이 아이들의 '장래희망' 1순위로 꼽히던 시절이었다.

그 시대 아이들에게 교사는 주위에 가장 권위 있으면서 존경스러워 보이는 직업이었고, 역사가 격랑에 휩쓸리던 시절이었으니 군인 또한 사회적으로 선망의 대상이었다. 장인은 강원도 화천에서 근무할 때 장모를 만나 결혼했다. 장모는 초등학교 선생님이었다.

군인도 고생을 하지만 군인의 가족 또한 그에 못잖은 고생을 한다. 군인은 스스로 선택한 길이지만 가족은 핏줄의 인연으로 얻은 고생이니, 고생을 대하는 태도 역시 다를 수밖에 없다. 그런 의미에서 군인 가족을 보면 어떤 가족이든 참 대단하다는 생각이 들고 애잔한 마음이 앞선다. 그래서 군인은 군인끼리 통하고, 군인 가족도 군인 가족끼리 통하는 무엇이 있는가 보다.

　내가 안보지원사령관을 할 때 이스라엘 정보기관 모사드 한국지부장이 내 집무실을 찾아왔던 적이 있다. 모사드 한국지부장은 당시 43살이었고 여성이었다. 모사드 지부장이 젊은 여성이란 사실은 알고 있었지만 직접 만나보니 놀라웠다. 한국어를 잘한다는 사실도 이미 들어 알고 있었지만 통역이 따로 필요 없을 정도로 유창했다. 게다가 비서 한 명 대동하지 않고 혼자 단출하게 찾아왔다. 가히 여장부의 기운이 느껴졌다. '정보기관 수장이 되려면 이 정도로 용감하고 심플해야 한다'는 메시지가 행동으로 전달됐다. 그는 한국과 일본을 모두 담당한다고 했다. 젊은 여성이라 경험이 부족할 것이라 여겼던 나의 선입견을 통렬히 반성했다.

　이야기를 나눠 보니 식견이 풍부했고, 자기 업무에 대한 긍지 또한 높았다. 더구나 아이 셋을 가진 어머니였다. 아이들은 어디 있냐고 물으니 본국에 있다고 했다. 아이들이 보고 싶지 않냐고 물으니 이런 대답이 돌아와 또 한번 놀라고 부끄러웠다.

　"조국을 위해 내가 역할을 할 수 있다는 것 자체로 감사하게 생각한다. 개인적인 것은 접어 두고 있다."

　공직자로서 정답에 가까운 답변이다. 다소 냉정하고 딱딱한 대답이라 할 수 있지만 정보기관 고위직으로서는 당연한 자세다. 국적을 넘어, 성별을 떠나, 그에게 강한 동료애와 존경의 마음을 느꼈다. 세상의 모든 군인, 그리고 군인 가족들에게 경의를 표하는 순간이었다.

결혼하고 1년 후 우리 집에 첫째가 태어났다. 강원도 고성 GOP에서 1차 중대장 생활을 할 때였다. 6개월 철책 근무를 마치고 돌아와 보니 아이가 훌쩍 자라 미안하기도 하고, 또 꼬물꼬물 옹알거리는 모습을 보니 어찌나 이쁘고 귀엽던지, 자꾸 퇴근하고 싶었다.

둘째는 2년 터울로 태어났다. 둘째는 원주에서 2차 중대장으로 근무할 때 태어났다. 우리 아이들은 그렇게 강원도에서 살다가, 부산으로 갔다가, 대구로 갔다가, 더구나 외가는 호남이고 친가는 수도권이니, 말씨에 팔도 억양이 다 섞여 있다. 군인 가족들이 많이들 그렇다. 그러고 보니 아내도 '팔도 사투리'를 사용한다.

우리 집 첫째는 딸, 둘째는 아들이다. 최근에 아들이 결혼해 내가 곧 할아버지가 될 것이라고 알려 줬다.

### 11장

## ═ 진심을 이기는 무기는 없다 ═

### 길은 꼭 하나가 아니란다

사람의 운명은 참 다양하게 엮이고 흔들린다. 나는 학군 출신이지만 원래는 사관학교를 가려고 했다. 어렸을 때부터 군인이 꿈이었던 학생이 사관학교를 입시 목표로 삼는 것은 어쩌면 당연한 순서다. 그런데 우연한 사건 하나가 운명의 주사위를 흔들어 놓았다.

목표가 분명하다 보니 학교 성적도 좋았고, '미래 군인'으로서 교우 관계나 학교 생활도 성실하게 유지하려 노력했다. 초등학교부터 고등학교 때까지 학급 반장을 놓치지 않았고, 초등학교 때는 전교어린이회 회장까지 했다. 친구들과 어울려 놀거나 운동경기를 해도 나는 늘 대장 노릇을 했고, 누가 어려움에 처하면 의리 있게 나서서 도와주려 애썼다. 특히 덩치 큰 애들이 자기보다 약한 애들을 놀리거나 괴롭히는 행위를 보면 가만두지 않았다. 선한 행동이 반복되면 내면의 진심으로 굳어지는 법이다.

그러다 떡볶이 한 접시가 모든 것을 뒤집고 말았다. 고교 1학년 11월 즈음에, 시험을 치르고 친구들과 어울려 분식점에 갔다. 없는 용돈을 모아 친구들과 떡볶이를 먹고 있는데 우리 학교 2학년 선배가 가게 앞을 지나다 그 모습을 보고는 돈을 달라는 것이다. 큰돈이 아니었다. 단돈 20원이었다. 공중전화기가 있던 시절이었는데, 당시 공중전화 요금이 20원이었다. 돈을 뺏으려고 했던 것이 아니라 10원짜리 동전이 없던 참에 교복 입은 후배들이 보이니 선배의 권위를 빌려 '내놓으라' 했던 것 같다.

우리는 없다고 했다. 실제로 10원짜리는 아무도 갖고 있지 않았다. 선배는 순순히 물러났다. 그러다 우리 일행 중 하나가 50원짜리를 10원짜리로 바꿔 공중전화를 이용했다. 이 조그만 행동 하나가 엄청난 나비 효과를 낳았다. 선배가 다시 분식점 앞을 지나던 길에 그 모습을 본 것이다. 우리는 졸지에 거짓말쟁이가 돼 버렸다. "아주 치사한 녀석들"이라고 우리에게 욕설을 퍼부었다.

오해를 살 만한 상황이었으니 그저 그러려니 하거나 자초지종을 설명하면 됐을 텐데 우리 일행 중 입이 좀 가벼운 친구가 있었다. 그 녀석이 화가 나서 혼잣말로 선배에게 욕을 했다. 그리 거친 욕은 아니고 그저 항변의 말 정도였을 것이다. 선배가 또 그것을 들었다.

다음 날 점심을 먹고 있는데 사달이 일어났다. 2학년 선배 몇 명이 교실로 찾아왔다.

"어제 학교 앞 분식점에서 떡볶이 먹었던 녀석들, 일어나!"

2학년 교실로 끌려갔고, 거기서 선배들에게 집단으로 맞았다. 그때는 그런 시절이었다. 선배가 후배를 때리는 일 정도는 아무렇지도 않던 시절이었다. 그 시절의 어두운 질서가 내 운명을 흔들어 놓았다.

갈비뼈 4개가 날아갔다. 병원에 4개월 정도 입원했다. 퇴원해서 학교에 돌아와 보니 내신 성적은 바닥으로 떨어져 있었다. 사관학교의 꿈도 그렇게 날아갔다.

고등학교 2학년 시기를 좌절과 원망 속에 살았다. 내 인생이 송두리째 무너지고 빼앗긴 느낌이었다. 평생 사관학교 하나만 보고 살아왔는데……. 내가 정말 쓸모없는 인간이 된 느낌이었다. 주말에 고향집에 가면 낙담한 표정으로 방 안에만 틀어박혀 멍하니 천장을 바라보고 있었는데 어머니가 밥상을 문 앞에 놓으며 조용히 말씀하셨다.

"어디로 가는 길은 꼭 하나가 아니란다."

## 태도가 운명을 가른다

'질투는 나의 힘'이라는 말처럼 사람이 힘을 내는 원동력 가운데 하나는 자격지심인 것 같다. '건전한' 자격지심.

사관학교를 못 갔다는 것은 내게 일종의 자격지심이었지만, 일단 새로운 목표가 정해진 다음부터는 옛 마음에 휘둘리지 않았다. 대학에 가기 위해 다시 열심히 공부했고, 대학에 가면 학군단에 입단하겠다는 목표를 분명히 세웠다. 그것도 대학 1학년 때부터 육군 장학금을 받는 방법을 택했다. 대학을 모두 장학금으로 다니니 좋고, 나중에 장교가 되어 좋고, 오히려 일석이조라고 여겼다. 스스로 용기를 북돋으며 현실에 충실했다.

대학에 다니는 동안 집에서 용돈 한번 받지 않았다. 육군에서 나오는 장학금에 성적 장학금까지 받기 위해 열심히 공부했다. 게다가 아르바이트를 해서 번 돈으로 동생들에게 용돈까지 줬다. 학군단, 강의실, 아르바이트, 도서관으로 이어지는 바쁜 대학 생활이었지만 바쁘니까 잡념을 없앨 수 있어 더욱 좋았다.

1987년을 전후한 시대는 대한민국이 그야말로 격동의 시대였다. 내가 대학을 다녔던 시기는 전국적으로 학생 운동이 한창이었다. 게다가 내가 다녔던 대학은 '학생 운동의 메카'로 불리는 대학이었다. 나는 그때 잠깐, 운동권 학생이 될 뻔한 적이 있다. '직선제 개헌'이라는 구호가 당연한 상식으로 느껴져 시위대 꽁무니에 합류했던 적이 있다. 그랬더니 선배들이, 맨날 공부에 아르바이트밖에 모르는 것 같던 녀석이 기특해 보였는지, 이념 서적 몇 권을 건네줬다. 읽어봤더니 내가 모르던 세상을 알게 되어 머리가 확 깨어나는 느낌이었다.

　　하지만 내가 운동권이 되지 않았던 이유는 크게 두 가지다. 육군에서 장학금을 받는 학생이라는 사실은 오히려 부차적인 문제였다. 내가 옳다고 생각하는 일이 생긴다면 장학금 따위야 포기하고 대의를 위해 살겠다는 정의감 같은 것이 마음속에 있었다. 그런데 무엇보다 운동권이 따르는 이념, 특히 역사관에 동의할 수 없었다.

　　사회적 약자의 편에 선다는 따뜻한 마음은 좋지만 '가진 자들의 것을 빼앗아 인위적으로 동등하게 만든다'는 방법론에 동의하기 어려웠다. 6.25전쟁을 미국이 유발했다든지 하는 시각에 결정적으로 동의할 수 없었다. 학문적 차원에서 그러한 연구를 할 수는 있고, 부분적으로 그러한 요소를 찾아낼 수도 있다. 하지만 그렇다고 나무 몇 그루 때문에 숲의 모양이 달라질 수는 없는 것 아닌가. 6.25의 진실을 감추거나 회피하고, 역사의 몸통을 아예 바꾸려는 역사관에 동의할 수 없었다.

또 하나의 이유는 아주 단순했다. 시골에서 고추 농사짓고 깻잎 뜯어 팔아서 아들 뒷바라지를 하고 있는 부모님을 실망시킬 수 없었다. 선배들은 "시골에서 농사짓는 우리 부모님 같은 분들을 위해, 그들이 주인이 되는 세상을 만들자"고 유혹했지만, 나는 운동권의 방식으로는 새로운 세상이 열릴 것 같지 않았다. 그렇게 만들어진 세상이 행복할 것 같지도 않았다.

나중에 소위로 임관해 공산주의 경제이론을 비판하는 교관 경연대회가 열렸을 때 1등으로 뽑히게 된 교안 줄거리는 순수하게 내가 짰다. 아무의 도움도 필요 없었다. 대학 시절 선배들과 숱하게 논쟁하며 얘기했던 것들이니 막힘없이 술술 교안을 작성할 수 있었다. 공산주의 이론의 맹점을 나는 경험 속에 깨닫고 있었다.

삶의 많은 것이 우연에서 시작하지만 그 우연을 받아들이는 태도에 따라 또 다른 운명이 결정된다.

선배들에게 맞아 갈비뼈가 부러진 우연으로 사관학교에 가지 못했고, 그러다 대학에 가서 선배들과 공산주의 이론을 갖고 논쟁했다. 그것이 나중에 군대에서 이념 교재를 만드는 데 넉넉

한 자기 역할을 했다. 사관학교에 갔더라면, 그렇게 경험이 묻어나는 교안을 만들 수 있었을까. 사관학교에 갔더라면, 남들보다 2배 이상 열심히 노력하며 살겠다는 다짐으로 군 생활을 했을까 싶기도 하다. 순조롭게 사관학교에 갔더라면, 나는 많이 오만했을 것이고, 탄탄대로만 걷다가 넘어졌을지 모른다.

군단 교관 경연대회에서 1등을 해서 육군에 소문이 났다. 그런 참에 또 우연한 일이 생겨났다. 3사관학교에 경제학 교수 자리가 빈 것이다. 나는 5명의 강사 예비 후보자 가운데 한 명으로 뽑혀 면접을 봤고, 케인즈 경제 이론 등을 설명해 최종 합격자가 되었다. 일개 소위가 교관 경연대회에서 1등을 한 것, 일개 중위가 장교를 양성하는 3사관학교의 강단에 선 것. 돌아보면 모두 이색적이고 우연한 일이다.

당시 우리나라는 경제가 성장하면서 고급 인력에 대한 수요가 늘고, 그러면서 대학생이 급격히 늘어났다. 학생 운동도 그러한 가운데 급진적으로 성장했다. 한편으로 군대에도 대학생 출신 병사가 급격히 늘어나기 시작했다. 모든 것이 높아지고 늘어나던 시절이었다. '좀 배운' 사람들이 병사로 들어오니, 장교들의 수준도 한층 높아질 필요가 있었다. 그래서 전문대학만 졸업하고 임관한 장교들에게 대학 3~4학년 과정을 가르쳐 학사 학위를 주는 것이 3사관학교 학부 과정의 새로운 목표 가운데 하나가 되었다. 또 한편으로 문민정부가 들어서면서 정치군인의 대명사였던 '하나회'라는 단체에 대한 대대적인 숙청 작업이 이루어졌다. 그러면서 장교 양성 과정에도 많은 변화가 생겨났다. 내가 3사관학교 강사가 된 것은 이러한 시대적 우연, 혹은 시대적 필연과 다양하게 맞물렸다.

하지만 경제학 학사 학위가 전부인 내가 현직 장교들에게 경제학을 가르친다는 것은 어불성설에 가까운 일이었다. 내가 가르치게 될 학생 중에는 나보다 계급이 높은 학생도 수두룩했다. 그들은 모두 야전에서 몇 년을 복무한 선배 장교들이었다. 나 같은 애송이 중위가 교수로 보일 리 없다. 나를 시험하듯 강의와 직접 관련 없는 숱한 질문을 쏟아낼 것이 분명했다. 1시간 강의를 위해 예닐곱 시간을 준비했다. 강의에 들어가기 전에 모든 신문 경제면을 통독하고, 경제학 용어 사전을 달달 외우다시피 했으며, 각종 경제 지표도 술술 읊어댈 정도로 외웠다. 그런 생활을 2년 정도 했더니 정말 경제에 있어서만큼은, 특히 실물경제에 있어서만큼은, 웬만한 박사 못지않은 수준이 되었다. 처음엔 나를 시험하는 모양으로 온갖 질문을 던지면서 비웃던 학생들도 점차 고개를 끄덕이게 되었다.

내가 가르친 학생들은 나중에 야전에서 다시 만났다. 선배들은 "이 친구가 나한테 경제학을 가르쳤던 친구야"라고 추어주었고, 그것은 내 군 생활에 평생토록 큰 도움이 되었다. 우연은 인연을 낳는다.

그즈음 장인어른이 내게 "주말에 밥이나 같이 먹자"고 하셨던 것도 그렇게 우연을 운명으로 개척해 나갔던 젊은이의 모습에 '밥이라도 해 먹이고 싶은' 마음이 생겨났던 것 아닌가 싶다.

우리 처가는 딸만 넷이다 보니 모든 사위를 아들처럼 대한다. 사위들도 장인, 장모라고 부르지 않고 아버님, 어머님이라고 부른다.

아버님에게 이렇게 물은 적 있다.

"그때 왜 저를 선택하셨던 겁니까"

아버님이 말씀하셨다.

"자네는 눈이 빛났어."

## 또 하나의 우연

'우연' 하니 덧붙여야 할 이야기가 또 하나 있다. 소령 때 학군단 교관으로 발령났던 것도 좀 재밌는 우연 하나가 얽혀 있다.

소령으로 진급하고 얼마 되지 않았을 때, 교육사령부에서 난데없는 전화가 한 통 걸려 왔다.

"상철아, 진급 축하한다. 너 학생들 잘 가르치지?"

교육사령부에서 인사를 담당하는 장교라는데, 나는 전혀 모르는 분이었다. 게다가 '너 학생들 잘 가르치지?'라니, 이건 또 무슨 말씀인가. 알고 보니 내 ROTC 동기 가운데 이름이 똑같은 친구가 있었는데, 그 인사장교의 대학 후배였던 것이다. 진급을 축하하는 의미에서 전화한 것인데, 게다가 나를 이미 학군단으로 발령해 놓은 상태였다. 소령 진급자인 '이상철'이란 사람의 인사기록을 훑어보니 3사관학교에서 경제학을 가르쳤던 이력이 있어 '학군단 교관에 제격이겠네'라고 생각했다는 것이다. 그분이 이름은 헷갈렸어도 경력은 제대로 본 셈이고, 굳이 동명이인 이상철이 아니었더라도 나는 대학 학군단으로 발령났을 테지만, 이 또한 운명의 해프닝이다.

야전에서 경력을 쌓고 싶었는데 학군단으로 가게 되니 사실 좀 불만스런 마음도 있었다. 하지만 그 또한 운명으로 여겼다.

그런데 내가 가게 된 대학 학군단이 전국 학군단 평가에서 늘 최하위를 기록하던 학군단이었다. 발령받아 학군단에 신고하러 찾아갔더니 실무자들의 눈빛에서 열심히 해 보겠다는 의지를 당최 읽을 수 없어 당황했던 기억이 있다. 야구에 비유하자면 만년 꼴찌팀의 신임 코치로 발령받아 달려간 모양이랄까. 그런 팀을 한국 시리즈에 올려보내기라도 하듯 정말 부단히 노력했다.

내용을 구체적으로 소개할 수는 없지만 내가 맡은 학군단이 각종 평가에서 탁월한 성적으로 1등을 차지하는 이변이 일어나기 시작했다. 그렇게 되기까지 걸린 시간이 1년 정도였다.

사실 대학 입장에서 학군단은 그리 눈에 띄는 부서가 아니다. 학생 가운데 학군단에 속한 숫자도 얼마 되지 않고, 학군단 건물 또한 캠퍼스 한구석에 있어, 총장 입장에서는 학군단이 있는지 없는지조차 모르고 지나가는 존재다. 게다가 당시는 나라 전체가 군사정권의 그늘에서 벗어나려는 움직임이 왕성하던 때였다. 학군단에 대한 대외적인 이미지가 그리 좋지 않았다. 학군단과 군사정권은 전혀 상관이 없는 데도 말이다.

한번은 학군단 교관에 불과했던 내가 대학 총장에게 면담을 신청했다. 이런저런 평가에서 우리 학군단이 1등을 차지했다고 말씀드리니 굉장히 좋아하셨다. 지금까지 그런 보고를 일절 듣지 못했다는 것이다. 그 참에 학군단 교관으로 일하면서 느꼈던 여러 애로 사항을 말씀드렸다. 학군단은 대학 내부에 있지만 소속은 국방부라서, 교육부와 국방부 양쪽 모두로부터 소홀한 대접을 받는 애매한 존재였다. 학군단 건물이 낡고, 각종 편의 시설이 형편없고, 강의실에 비치된 교육 자재도 질이 떨어졌는데 그로 인해 어려움이 많았다. 학군단 교관들이 교직원 대우를 받지 못해 학교 시설을 이용할 때 외부인 취급을 받는 경우마저 있었는데 그에 대해서도 말씀드렸다.

대학 총장은 군사정권 시절 민주화운동에 앞장섰던 분이다. 그래서 군인에 대한 선입견이 조금 있으셨던 것 같다. 그런 오해는 그 자리에서 깨끗이 해소되었다. "학군단도 우리 대학의 가족 가운데 하나인데 학군단의 경사를 대학의 경사로 축해해 줘야지" 하면서 호탕하게 웃으셨다.

우리 대학 학군단이 전국 평가에서 1위에 올랐다고 자랑하는 플래카드가 교내외에 수십 군데 걸렸다. 대학 설립 이래 처음 있는 일이라고 했다. 내가 총장에게 건의했던 애로 사항도 일거에 모두 해결되었다. 갑자기 시설이 좋아지고 복지혜택이 늘어나니 학군단 실무자와 예비장교들의 사기가 하늘을 찌를 듯 높아졌다. 학군단 강의실의 공기 자체가 달라졌다.

학군단 교관을 하던 때, 내 인생에 새로운 친구가 하나 생겨나기도 했다.

우리 학군단 단장님이 마라톤을 하셨다. 한번은 "자네, 함께 달려 볼 텐가?" 하시길래, '설마 내가 이런 영감님을 달리기로 못 이길까' 하면서 따라 나섰다. 오만한 생각이었다. 한 8km쯤 달리다가 나는 자리에 주저앉아 도저히 뛰지 못하고 포기하게 되었다. 그런데 단장님은 지칠 줄 모르고 계속 달렸다. 내가 마라톤과 친구가 된 계기다.

그 뒤로 나는 마라톤 풀코스를 열댓 번 완주한 마라토너가 되었다. 최고 기록은 3시간 5분이다.

## 12장

# ≡ 인화단결: 화합하여 마음과 힘을 뭉치다 ≡

### 전선을 간다

'교수로 살까, 군인으로 살까.'

3사관학교를 떠나기 전, 그런 고민을 잠깐 했었다. 하지만 선택은 분명했다.

교수로 살면 군인으로서 조금 편안할 수는 있을 것이다. 3사관학교 교수도 군인은 군인이다. 그러나 나는 야전으로 달려가고 싶었다. 완전한 군인으로 살고 싶었다. 장인에게 결심을 밝혔더니, 딸의 고생길이 훤한데, "잘 생각했네"라며 격려해 주셨다. 아내도 나를 응원했다. 군인의 배우자가 된 이상 각오했던 일이라고 했다.

    2년 만에 부대로 복귀하니 군사 용어가 생소하게 느껴질 정도로 먼 여행을 떠났다 돌아온 기분이었다. 광주에 신혼살림을 풀고 잠시 살다가 전방부대를 지원해 강원도 고성에 있는 22사단으로 향했다. 전입 신고를 드리려고 대대본부를 찾아갔더니 그곳 대대장님이 그리 반갑지 않은 표정으로 내 복장을 위아래로 훑어봤다. '교수나 하던 놈이 여긴 왜 왔냐'는 눈빛이었다. 당시 내 군복에는 흙먼지 하나 묻어 있지 않았다.

    대대장님은 육사 출신으로, 군인 기질이 탁월하고 리더십이 훌륭한 분으로 소문나 있었다. 직접 뵈니 호랑이 앞에 서 있는 느낌으로 바짝 긴장해 차렷 자세에 힘이 들어갔다.

    22사단에 있는 동안 직속상관인 대대장님은 물론이고 부대 안에서 인정받기 위해 참 무던히 노력했다. 학군 출신에, 3사관학교에서 교수 노릇하며 쉬다가(?), 대위까지 고속 승진한 '먹물'이 굴러왔다는 수군거림 가운데 다시 군인으로 태어나기 위한 몸부림의 시간이었다. 그 언덕을 넘으며 깨달은 것이 하나 있다면 '급할수록 서두르지 말고 기본에 충실하라'는 믿음이었다. 조급하게 생각지 않고 한 발 한 발 나아가기 위해 노력했다.

    전방 GOP는 나도 처음 경험하는 현장이었다. 1994년 11월에 GOP 중대를 맡아 철책으로 투입되었는데, 막사에 도착해 보니 군가 '전선을 간다'가 자연히 떠올랐다.

"높은 산 깊은 골, 적막한 산하 / 눈 내린 전선을 우리는 간다 / 젊은 넋 숨겨 간 그때 그 자리 / 상처 입은 노송(老松)은 말을 잊었네 ……"

그야말로 적막한 풍경. '노송도 말을 잊을'만 하구나 싶었다. 사방을 둘러 사람의 기적을 찾을 수 없는 황무지였고, 바람만 스산하게 GOP 초소를 휘감으며 지나갔다.

육군 22사단은 휴전선 동쪽 끝에 위치해 육상과 해안 경계를 모두 담당하는 부대다. 왼쪽으로는 육지, 오른쪽으로는 바다를 감시한다는 것은 수륙양용차를 운전하는 것처럼 피로감이 높은 일이다. 게다가 22사단은 동쪽 끝에 있을 뿐 아니라 북쪽 끝에 있는 사단이기도 했다. 알다시피 휴전선은 북위 38도 선에 수평으로 걸쳐 있는 것이 아니라 동쪽으로 갈수록 북위가 높아진다. 따라서 휴전선 동쪽 끝에 있는 22사단 작전 지역은 '대한민국 남반부 지역 최북단'이라는 안내석이 세워져 있을 정도로 최전방을 자랑한다. 강원도 고성에 있는 통일전망대보다 더 북쪽에 위치하고 있다.

내가 근무했던 GOP는 22사단에서도 가장 북쪽으로, 우리 대원들은 늘 대한민국 '극' 최북단에 있다는 긴장과 책임감을 함께 느꼈다. 우리 GOP의 중대장 침상, 그러니까 내 침상은 대원들 침상 중에서도 북쪽에 있었다. 따라서 나는 대한민국 국민 가운데 가장 북쪽에 머리를 두고 잠자리에 드는 사람이었고, 전쟁이 일어난다면 가장 먼저 파괴의 과녁이 될 대상이었다.

북쪽에 있는 데다 해안에 있는 강원도 고성은 '엄청나다'는 표현으로는 부족할 정도로 겨울에 눈이 많이 내리는 지역이다.

GOP 근무 명령을 받고 철책으로 향하는데 가는 길목에 기다란 막대기가 곳곳에 세워져 있었다. 막대기에는 일정한 간격으로 붉은 눈금이 그어져 있었다. 적설봉(積雪棒)이라고 했다.

적설봉의 높이는 사람 키를 훌쩍 넘었다. 설마 저기까지 눈이 내리길래 눈금을 저리 그려 놓았나 싶었는데, GOP에 배치받고 한 달 뒤 '설마'가 현실을 되는 모습을 눈으로 목격하게 되었다. 사흘 동안 쉼 없이, 정말 한시도 쉼 없이 눈이 내렸다. '구름이 산에 얹혀 있다'고 표현할 정도로 눈 더미에 갇힌 형국이었다.

군인에게 눈은 매력도 없고 낭만도 없는 존재다. 그저 '치워야 할' 대상일 따름이다. 눈이 내리면 바로바로 치워야 한다. 폭설을 이용해 적이 침투할 수도 있는 일이고, 만일의 사태를 대비해 차량이 지나갈 수 있도록 언제나 통로를 확보해 두고 있어야 한다. 눈이 다 내린 뒤에 치운다는 건 상상도 할 수 없는 일이다. 내리는 족족 치워야 한다.

원칙은 그러한데, 현장에서는 잘 지켜지지 않는다. 하루 종일 눈이 내리는데 어떻게 종일 눈만 치운단 말인가. GOP는 상부 단위에서 순찰을 오는 경우도 드물어, 중대장이 "적당히 내버려 뒀다가 치우라" 하면서 방치하는 경우 또한 흔하다.

GOP에 가자마자 폭설이 내렸다. 나는 좀 원칙대로 하기로 했다. 중대원 150명 전원의 담당 구역을 정해서 2~3시간마다 치우도록 했다. 대신 소대장, 부소대장은 물론이고 중대장인 나까지 함께 치웠다. 산허리에 구름이 앉은 것처럼 한없이 눈은 쏟아지고, 그때 우리 중대는 전 대원이 토막잠을 자며 사흘 밤낮으로 눈을 치웠다.

나흘째 되던 날 아침, 설국(雪國)이 열렸다. 세상이 온통 하얗게 변했다. 그런 가운데 우리 중대 막사 주변 순찰로, 보급로만 말끔히 눈이 치워져 있었다. 설국에 반듯하게 도로를 그려 놓은 모양이었다. 위에서 내려다보면 다른 중대와 확연히 비교됐다. 그때야 부대원들을 푹 쉬도록 했다.

## 첫 중대장의 책무

사고 없는 부대.

비결은 뭘까?

아무런 일도 하지 않으면 아무런 비판도 받지 않는 것처럼 그냥 가만히 앉아 있으면 사고도 일어나지 않는다. 하지만 군인이 그럴 수는 없는 것 아닌가? 또한 가만히 있는다고 과연 사고는 일어나지 않을까?

다른 중대는 아침에 일어나 눈을 치웠다. 불도저를 동원하고, 대원들이 한꺼번에 몰려나와 밀대로 밀고 삽으로 푸면서 한참 떠들썩했다. 사람 키보다 높게 쌓인 눈은 불도저를 동원해도 힘에 부친다. 거기다 대원들까지 쏟아져나와 뒤엉키니, 사람이 자꾸 눈을 밟아 바닥은 미끄럽고, 복잡하고 위험천만한 광경이 눈앞에 펼쳐진다.

상부에서 확인을 나온다고 하니 더욱 부랴부랴 바쁘게 치웠을 것이다. 사고는 보통 그런 때 일어난다. 일을 서둘러 진행하다 낙상 사고, 미끄럼 사고, 차량 전복 사고 같은 것이 일어나기 마련이다. 경황없고 힘든 가운데 누구는 열심히 일하고 다른 누구는 한쪽에서 요령을 피우는 모습이 보이기도 한다. 서로 간의 오해와 마찰, 조직 내 이해 다툼은 보통 그런 때 생겨난다.

딱 그 차이였다. 다른 중대는 폭발적인 에너지를 발휘해 눈을 치우는 동안 우리는 푹 쉬었다. 반면 다른 중대가 푹 쉬는 동안 우리는 지속적 눈을 치웠다. 비유하자면 다른 중대는 마라톤 풀코스를 늦게 출발해 전속력으로 뛴 셈이고, 우리는 출발 신호에 맞춰 뛰어나가 적당한 페이스를 유지하며 계속 달린 셈이다. 어느 쪽이 나을까?

눈에 비유했지만 나는 안보도 마라톤 같은 것이라 생각한다. 적당한 페이스를 유지하며 계속 달리는 것이 안보다. 위기가 닥쳤을 때 부랴부랴 대응하다 보면 문제가 생기기 마련이다.

이른바 '몰아치기' 방식으로 다행히 고비를 넘길 수도 있다. 하지만 불시에 닥친 위기를 번번이 요행으로 넘길 행운아가 세상에 어딨을까. 지속적 행운아는 존재하지 않는다. 다만 지속적 노력자가 세상을 유지할 따름이다. 행운을 믿지 말고 자신을 믿어라. 나는 그것이 안보와 국방의 기본자세라고 믿는다. 세상 많은 일이 대개 그렇지 않을까.

처음엔 중대원들의 얼굴에서 불만이 가득 찬 것이 느껴졌다. 아무렴 그렇지 않겠는가. 다른 중대처럼 모아났다 한꺼번에 치우면 될 것을 그때그때 번번이 치우라고 하니 나를 아주 유별난 사람이라 여겼을 것이다. 하지만 분위기는 이내 바뀌었다. 다른 부대가 바쁘게 일할 때 우리는 산꼭대기에서 내려다보며 느긋하게 여유를 즐겼기 때문이다. 평소 준비 태세의 필요성을 자연히 깨닫게 되었을 것이다. 그리하여 우리 중대는 단 한 건의 안전사고도 일어나지 않았고 차차 부대가 안정되었다.

내가 그냥 입으로만 먹고사는 지휘관이 아니라는 사실 또한 중대원들이 알게 되었다. 진지 공사도 같이 하고, 잠목도 같이 베고, 눈도 같이 치웠다. 농촌에서 나고 자란 경력은 그럴 때 참 많은 도움이 되었다. 웬만한 병사보다 내가 삽질 괭이질은 월등히 잘했기 때문이다.

중대에 누룽지 만드는 기계를 몇 대 들여왔다. 밥이 남으면 버리지 말고 누룽지를 만들라고 지시했다. 야간근무하고 돌아와 간단한 요깃거리로 삼도록 했다. 그리고 내가 아는 친구와 선후배, 친인척들에게 수시로 전화하고 편지를 보냈다. 최전방에서 고생하는 우리 장병들에게 간식거리를 보내 달라고 부탁했다. 사탕, 젤리, 초콜릿, 율무차, 믹스커피 등이 줄줄이 위문품으로 들어왔다. 특히 아내가 라면 상자 한가득 먹을 것을 담아 소포로 보내줬는데 — 몸은 떨어져 있지만 그때 우리는 신혼이었다 — 열 때마다 대원들의 탄성이 쏟아졌다. 야간에 감독순찰 돌 때마다 주머니 가득 아내가 보내준 것들을 챙겼다. 소초를 옮겨가며 근무자들의 주머니에 넣어 줬다.

그 시절에는 선임병이 후임병을 못살게 구는 일이 많았다. 특히 격오지인 GOP는 외부인의 눈에 잘 띄지 않는 곳이니 그런 일이 더욱 많았고, 그러다가 끔찍한 총기 사고나 자살 사고가 일어나기도 했다.

우리 중대는 누가 봐도 분위기가 화기애애한 부대였다. 그렇다고 군기가 빠진 것도 아니었다. 할 일은 다 하면서도 화목했다. 우리 대원들이 유난히 심성이 고와서 그랬던 것일까? 원칙을 분명히 하면서 성과가 그때그때 눈앞에 보이니, 또 성과의 과실을 함께 나누니, 서로 반목할 일이 없었던 것이다. '우리는 중대장님만 믿고 따르면 된다'는 기강이 경험 속에 생겨났다. 본분과 목표에 충실하다 보면 '일하는 사람'끼리의 단결은 자연스레 이루어진다. 우리는 그런 것을 인화단결(人和團結)이라고 부른다.

나중에 대대장님이 각 중대를 순찰할 때면 내가 무안할 정도였다.

"야, 저 9중대 좀 봐라. 미리미리 준비해 놓으니까 얼마나 좋으냐. 너희는 9중대장 절반이라도 배워라."

다른 중대장들이 모두 모인 자리에서 이런 말씀을 하셨다. 10~12중대장은 모두 내 선배였다. 나만 막 대위를 달아 첫 중대장을 맡은 시기였고, 다른 분들은 한번 중대장을 역임한 적이 있는 2차 중대장이었다. 나보다 진급이 절실한 분들이었다.

나중에 나는 소령으로 진급해 육군본부 진급과에서 일하게 되었다. 업무가 그것이기 때문에, 진급과 실무자는 대한민국 육군 모든 장교의 인사평가자료를 열람할 수 있다. 물론 자신의 자료까지 보게 된다. 그때 우리 대대장님이 나에게 A등급을 주셨다는 사실을 알게 되었다.

팔은 안으로 굽는다고 같은 육사 출신 고참 중대장에게 A를 줄 수도 있었을 텐데, 중대장 4명 가운데 언제나 나에게 가장 높은 점수를 주셨다. 눈물나게 고마웠고, 대대장님이 존경스러웠다. 이런 지휘관이 계셔서 우리 군이 살아 있구나.

1차 중대장 생활을 마치고 2차 중대장을 하기 위해 강원도 원주로 떠나게 되었다. 중대원 150명 전원이 막사 앞으로 쏟아져 나와 송별 인사를 하는데 목이 메이고 눈물이 핑 돌았다. 울지 않기 위해 이를 악물었다. 첫 중대장의 책무를 그렇게 마쳤다.

## 내가 만든 것이 표준이 되었을 때

퇴직해 군복을 벗고, 정말 교수가 됐다. 오랜 군 생활 경력을 인정받아 내가 다녔던 대학의 특임교수로 임명돼 학생들을 가르치게 된 것이다. 나는 천생 군인이지만 요즘엔 고향에 돌아온 것 같은 느낌이 들 때도 있다.

한번은 '인화단결'을 주제로 강의하다 1차 중대장 시절 이야기를 꺼냈다. 그러자 참석자 가운데 한 명이 말했다.

"어디에서 무엇을 하든 최고가 되려고 노력하셨군요."

글쎄…… 나는 특별히 최고가 되겠다는 생각은 하지 않았다. 다만 최선을 다하려 노력했을 뿐이고, 내가 만든 것이 '표준'이 되었을 때 가장 뿌듯하고 자랑스러움을 느꼈던 기억은 또렷하다.

강원도 횡성에 있는 36사단에 발령받았을 때다. 우리 연대장님이 욕심이 많은 분이었다. 3사관학교를 나온 분인데 뭐든 1등을 하길 원했다. 하긴 1등을 좋아하지 않는 사람이 어디 있으랴만.

보통 사단 위에는 군단이 있는데 향토사단인 36사단은 상급 군단이 없고 1군 사령부 직할이었다. 1군 사령부는 지금은 없어져 '지상작전사령부'로 바뀌었다. 간단히 소개하자면 과거에는 우리나라를 3등분해서 1~3군 사령부가 있었는데 — 1군은 전방의 동쪽, 3군은 전방의 서쪽, 2군이 후방을 맡았다 — 지금은 1군과 3군이 통합해 지상작전사령부가 되었고, 제2작전사령부가 후방을 맡는다.

그 1군사령부 시절에 '보안 경연 대회'가 열린 적이 있다, 우리 연대장님이 나에게 대회 준비를 맡기면서 무조건 1등을 하라고 지시하셨다. 그건 당시로서는 우리나라 전체에서 1등을 하라는 주문이나 다름없었다. 향토사단에서 그런 일이 과연 가능하기나 할까?

사고의 회로를 바꿔 보았다. 지금도 마찬가지이지만 향토사단에는 다양한 임무를 수행하는 인원들로 구성이 되어 있다. 현역, 상근예비역, 예비군지휘관, 군무원 등 말이다. 상비사단에 비해 병력 수도 현저히 적고, 승부욕이나 자긍심도 낮은 편이다. 우리가 무슨 대회에 나가 1등을 할 수 있을 것이란 경험도 기대도 없는 부대였다. 그런데 사고의 회로를 뒤집어 보니 '보안 감사'는 향토사단이 오히려 도드라지는 성과를 보여줄 수 있을 것 같다는 역발상에 가까운 생각이 들었다.

간단히 생각해 봐도 그렇다. 집으로 출퇴근하는 병사들과 예비군지휘관이 많다 보니 보안에 취약할 수밖에 없다. 퇴근하면 자유롭게 친구들과 어울릴 수 있고, 그러다 보면 이런저런 기밀을 누출할 수도 있고, 바쁘게 출퇴근하다 문서를 흘리거나 어딘가에 방치해 둘 수도 있는 일 아닌가. 그런 부분을 뜯어고쳐 보자. 향토사단의 '보안 표준'을 만들어 보자. 일종의 역발상과도 같은 생각으로 보안 경연 대회를 준비했다.

그동안 내가 여러 부대에서 배우고 익혔던 다양한 기법을 쏟아부었다. 먼저 상근예비역, 예비군 지휘관, 일반간부, 비밀취급 인원 등을 대상으로 모두 여섯 종류로 된 교안을 따로따로 만들었다. 각자가 자기 위치에서 지켜야 할 보안 수칙을 만화로 그려 보여 줬다. 소위 시절 공산주의 이론 비판 교안을 만들 때 활용했던 방식 그대로다. 그림을 잘 그리는 병사를 차출했던 것도 그때와 똑같았다.

그리고 부대 곳곳에 점검표를 만들고, 보안과 관련한 표어를 부착했다. 예를 들어 사무실 문에는 "문은 잠겼습니까? 책상 위에 방치된 것은 없습니까?"라는 점검 문구를 붙였고, 부대 진입로에도 보안 유지를 촉구하는 표어를 줄줄이 붙였다. 출근할 때 보이는 문구와 퇴근할 때 보이는 문구가 서로 다르게 보이도록 조치했다.

하이라이트는 따로 있었다. 연대 건물을 깨끗하게 페인트칠 했다. 칙칙했던 건물을 말끔하게 바꾸고, 그리하여 탄생한 너른 벽면에 보안 관련 벽화를 그렸다. 우리의 근무지가 다시 태어나 기뻤고, 보안 감사를 대비해서 좋았다. 일석이조.

결과는 1등이었다. 연대장님이 대단히 기뻐하셨다. 향토사단이 사령부 1등이라니, 사단 전체로서도 큰 경사였다. 나는 1등도 감격스러웠지만 내가 만든 교안이 육군의 표준이 되어 전파되는 것이 더욱 기뻤다. 나중에 다른 부대로 발령 나 가서도 "저거 내가 시작한 거야"라고 뿌듯하게 가리키며 말할 수 있었다.

모든 경험이 도움이 된다. 계급이 올라갈수록 자신감도 올랐다. 중령으로 진급해 대대장이 되었을 무렵에는 '내가 그동안 국가에서 받았던 것들을 이제 하나씩 갚아 간다'는 긍지 같은 것이 느껴지기도 했다.

군 생활 내내 언제나 두세 시간 일찍 출근했다. 지휘관이 아닌 참모직을 수행할 때는 보통 새벽 6시에 출근해 온종일 일했고, 저녁 먹고 다시 출근해 자정 넘어까지 일했다. 서너 시간 자고 출근하는 생활을 계속했다. 물론 그것을 육군의 표준으로 만들고 싶은 생각은 없다. 내가 보람차서 했던 일일 따름이다.

다만 그때 꼭 지키려 했던 약속이 있다. 퇴근하면 저녁 식사만큼은 가족들과 함께하려 노력했다. 아이들과 하루 1~2시간 정도는 놀아 주겠다고 스스로 다짐했다. 정말 아이들이 너무도 귀여울 때였다. 아이들이 새근새근 자는 모습을 확인하고 야간에 다시 출근했다.

그렇게 나름대로는 아이들을 챙겼다고 생각했는데, 부대는 잘 관리하고 대원들의 신망은 얻었으면서 정작 우리 가정의 인화단결을 챙기지는 못했다. 아이들에게 그리 좋은 아빠는 아니었던 것 같다. 첫째가 질풍노도의 시절을 거쳤다.

**13장**

≡ 아빠처럼 살기는 싫어 ≡

## 군인이어서 미안하다

"아빠는 왜 그래? 왜 그렇게 이기적이야? 아빠는 항상 아빠 하고 싶은 대로만 하잖아. 우리는 맨날 아빠가 가는 대로 따라가야만 하는 거고. 나 좀 봐 봐. 친구가 하나도 없고 고향도 없잖아. 고등학생이 될 때까지 친구가 하나도 없단 말이야. 친구를 사귈 만하면 이사하고, 사귈 만하면 또다시 이사 가고. 이게 뭐야, 정말. 엉엉."

통곡 소리가 집안에 울렸다. 고등학생이 될 때까지 말대꾸 한 번 안 했던 녀석이다. 밝고 활달하고 항상 고분고분했던 딸의 내면에 이렇게 또렷한 주관이 있다는 사실을 그때 처음 알았다.

며칠째 딸아이와 전쟁을 치르는 중이었다. 중간에서 말리는 아내가 워낙 스트레스를 받아 원형 탈모가 생길 정도였다. 머리 곳곳이 숭숭 허옇게 비었다. 옆에 지켜보는 아들도 눈물을 글썽였다. 집안이 온통 난리통이었다.

그즈음 우리 가족은 열다섯 번째 이사를 마친 참이었고, 딸아이는 이제 막 열여덟이 되었다. 우리는 2년 이상 한곳에 머물러 본 적이 드물다. 아이들은 태어나 그때껏 고성, 원주, 횡성, 철원, 대구, 대전, 연천, 계룡, 부산…… 전국 방방곡곡 학교를 유랑극단처럼 떠돌아다녔다.

그때 딸아이가 고등학교 2학년에 막 올라갔을 때였다. 부산에서는 그래도 제법 오래 살았다. 중학교 3년 과정과 고교 1년을 한 학교에서 다녔으니까. 딸에게는 꿈같은 시절이었을 것이다. 친구들과 어울려 도서관에 가고, 맛있는 것도 사 먹고, 팔짱 끼고 몰려다니며 쇼핑도 하고…… 인생에 처음 경험하는 시절이었을 것이다. 한창 '친구가 좋을' 나이이기도 하다. 그렇게 사귄 친구들을 한번에 잃고 또 낯선 도시로 가야 한다니……. 딸아이의 상심이 이만저만 아닐 것이라는 짐작 정도는 얼마큼 하고 있었다.

그래도 — 내가 볼 때는 — 딸아이가 반항하는 정도가 좀 심했다. 대구로 이사 오자마자 성격과 태도가 완전히 다른 사람처럼 변했다. 매사에 긍정적이던 애가 모든 일에 신경질적으로 바뀌었고, 방안에 틀어박혀 컴퓨터에만 열중하며 바깥으로 나오지를 않았다. 성적도 많이 떨어졌다. 제 어머니에게도 툭툭거리기 일쑤였다. "학교 가기 싫다" "부산에 가고 싶다"는 말을 입버릇처럼 달고 살았다.

이미 이사해 버린 것을 어쩌란 말인가. 어르고 달래도 소용없었다. 그러다 나도 폭발하고 말았다. 살면서 아이에게 큰소리 한번 친 적 없는데, 어쩌다 버럭 소리를 질렀다. 부녀간에 전쟁이 시작됐다. 아이는 기다렸다는 듯 반격했다.

지겨운 말싸움이 계속되던 어느 날, 컴퓨터가 원흉처럼 보였다. 딸아이 방으로 뛰어들어가 "이게 다 저놈의 컴퓨터 때문"이라며 컴퓨터를 들어 문 앞에 내동댕이쳤다. 모니터가 산산조각 부서졌다. 식구들이 소스라치게 놀랐다. 그러려고 했던 것은 아닌데, 내가 도대체 왜 이러는가. 나조차도 놀랐다. 아이는 책상에 엎드려 통곡했다.

"아빠 때문에 내 인생이 망가졌잖아. 아빠 때문에……."

소파에 망연자실 앉아 아이가 흐느끼는 소리를 들었다.

'인생'이라는 표현이 심장을 찌르는 느낌이었다. 그래, 딸아이에게도 인생은 있을 것이지……. 아니, 이제는 아이가 아니지.

인생을 알 만한 나이지. 조그맣던 아이가 이만큼 자라날 때까지 성장의 과정이 슬라이드 화면처럼 한 장 한 장 머리를 스치고 지나갔다.

첫째는 1994년 11월에 태어났다. GOP 중대장을 하느라 출산 며칠 후 아이를 잠깐 안아 봤고, 6개월 철책 근무를 마치고 나서야 편안한 마음으로 보듬을 수 있었다. 둘째는 무장공비 소탕 작전에 투입됐을 때 태어났다. 1996년에 강원도 강릉 해변으로 무장공비 26명이 침투해 전군에 비상이 걸리고 두 달 가까이 소탕 작전이 벌어졌던 일이 있다. 하필이면 그때 아들이 태어나 얼굴을 보지 못했고, 작전이 완전히 끝나고서야 처음 안아 볼 수 있었다.

그래서 나는 막 태어난 아이를 안고 함박웃음을 짓는 젊은 아빠의 모습을 TV 화면 같은 곳에서 보면 그렇게 부럽고 미안할 수가 없다. 남들은 아무렇지도 않게 누리는 소소한 것들을 부러워하는 자신의 모습에서 사람은 쓸쓸함을 느낀다. 딸아이가 평범하게 살아가는 다른 친구들을 바라보는 심정도 비슷하지 않았을까.

딸에게 사과했다.

"아빠가 군인이어서 미안하다. 앞으로는 절대 너희들 동의 없이 이사하지 않으마."

그 뒤로 정말 약속을 지켰다. 말년에 암 투병을 하시는 어머니를 살펴드리기 위해 경기도 용인으로 이사하는 날까지, 내 근무지를 옮겨도 가족들은 대구에서 살도록 했다.

컴퓨터를 던지는 행위 따위도, 맹세코 그 뒤로는 없었다. 앞으로도 그럴 것이다. 딸에게 다시 한번 사과한다.


## 그게 저예요

나는 아들만 넷인 집안의 둘째로 태어났고, 아내는 딸만 넷인 집안 둘째다. 우리 어머니는 딸을 낳으려고 아들을 넷이나 낳으며 고생하셨고, 처가의 장모님은 아들을 낳으려고 딸을 넷이나 줄줄이 낳았다. 그래서 장인은 술잔을 기울일 때마다 말씀하시곤 했다.

"세상은 왜 이렇게 불공평 하당가? 두 집안이 적당히 반반씩 나눴으면 좋았을 텐디……."

물론 농담으로 하시는 말씀이다. 아무렴 어떤가. 아들이 생겼지 않은가. 아들 넷 집안과 딸 넷 집안이 합쳐졌고, 둘째가 둘째의 마음을 아는 것인지, 우리는 부부의 인연으로 맺어졌다.

옛날에는 남아선호사상이 있었다. 그것도 장남을 우선했다.

그러고 보니 우리 아버지도 둘째다. 큰아버지는 자동차 운전기사셨다. "장남은 농사짓지 말고 기술을 배워 집안을 일으키거라" 하면서 할머니가 큰아버지를 서울로 올려 보내셨다고 한다. 옛날에는 운전도 고급 기술로 여겨, 큰아버지는 자동차 운전을 배웠다. 농사는 둘째 몫이 되었다. 대대손손 내려오던 가업을 둘째인 아버지가 그렇게 떠안게 됐는데, 그럼에도 수확한 농산물 가운데 가장 윤기 있는 것들은 다 큰집으로 올려 보냈다.

서울에 큰집이 있는 덕분에 우리 형도 서울에서 학교를 다닐 수 있었다. 사람은 서울, 말은 제주로 보내라던 시절이었다. 둘째는 설움 받던 시절이었다.

그런데 나는 둘째여서 서럽다는 생각을 한 번도 해 본 적이 없다. 그건 아마도 서럽다는 생각을 할 겨를이 없었기 때문 아닐까 싶다. 이건 내 운명이라고 담담하게 받아들였고, 내 힘으로 바꿀 수 없는 것들에는 지나치게 마음 쓰려 하지 않았다. 지금도 그런 마음가짐으로 세상을 살아간다.

나는 둘째 중에서도 조금 더 서러운 둘째라고 할 수 있는데, 생일이 막냇동생과 같기 때문이다. 둘 다 음력 3월 1일에 태어났다. 그래서 내 생일날에 끓여 나오는 미역국은 내 것인지 동생 것인지 알 수 없었고, 어릴 때부터 나에게 생일은 '내가 오롯이 주인공인 날'이라는 느낌이 별로 없었다. 위로는 형에게 밀리고,

아래로는 동생들에게 치이고……. 누군가에게 '우대받는다'는 기대감을 일찌감치 저버렸기 때문에 나만의 길을 걸어왔지 않았나, 하고 긍정적으로 해석한다.

시선을 돌려 보니 우리 아들도 둘째다. 불만이 좀 있을 것 같다. 둘째가 태어나 자랄 때는 남아선호사상이 많이 수그러졌을 때다. 아들이라고 특별하게 우대하며 키우지는 않았다. 아니 오히려 첫째이자 딸이라고 첫째를 더 예뻐했고, 둘째는 있는지 없는지조차 모른 채 살아왔던 것 같다. 게다가 첫째는 생일이 11월 24일이고 둘째는 11월 26일이다. 중간인 25일에 같이 생일을 치렀으니, 이 또한 인생의 회전목마 아닌가.

우리 첫째와 둘째는 성격이 완전히 다르다. 첫째는 목표를 하나 정하면 반드시 이루고야 마는 집요한 성격이고, 둘째는 모든 일에 그냥 수더분하다. '져 주는' 것이 천성인 아이다. 자라다 보면 남매끼리 싸우기도 하는 법인데, 애들은 그러지도 않았다. 누나가 뭐라고 하면 곧장 "예!" 하면서 고개를 숙이는 동생이었기 때문이다. 삼십 대를 눈앞에 두고 있는 지금까지도 그렇다.

둘째가 둘째의 마음을 ― 혹은 아들이 아들의 마음을 ― 아는 법이라 내가 둘째를 좀 더 다정하게 보듬어 줬어야 했는데, 군복 벗기 전까지 그리 깊은 이야기를 나눠 본 적이 없다. 바쁘다는 핑계로, 그리고 문제를 일으키지 않는 아이였으니까, 어쩌면 방치하다시피 키웠던 셈이다.

둘째에게 참 미안한 감정을 가졌던 때가 있다. 아들이 군대에 갔을 때다. 군인의 아들이 군대에 가는 것은, 아비 입장에서도 참 묘한 감정을 들게 하는 일이다. 마치 내 직장에 아들이 신입직원으로 들어오는 느낌인데, 그래서 그때부터 병사들을 대하는 시선도 많이 달라진다. 원래부터 전우로서 대했지만 감정의 농도가 좀 더 끈끈해지는 느낌이랄까. 병사들을 그렇게 대하는 것은 좋은데, 아들에게 사적인 배려를 해 줘서는 안 된다. 그래서 군인 아비 입장에서 아들이 입대하는 것은 자신의 공적인 완성도를 시험하는 계기가 되기도 한다.

아들이 입대했을 때 나는 제2작전사령부에서 중요한 보직을 맡고 있었다. 아들이 입대한다는 사실을 아무에게도 알리지 않았다. 아들에게도 병적 자료의 부모 직업란에 '공무원'이라고 쓰라고 했다. 군인이라는 사실은 절대 말하지 말라고 했다.

아들이 입대할 때도, 신병교육대를 수료할 때도, 휴가를 나올 때도 한 번도 만나지 않았다. 작전사에 있어 바쁘기도 했지만, 뭘 그렇게 철저했던 것인지, 내가 좀 유별나게 굴었다. 아버지가 장군이란 사실을 아들 부대의 지휘관이 절대 눈치채지 못하게 하라고 아내에게도 신신당부했다. 아들은 약속을 잘 지켰고, 평범한 군 생활을 이어갔다.

그러다 아들이 상병이 되었을 때, 내가 근속 30주년이 되었다. 군인이 된 지 30년이 되는 해였다. 다른 공무원들도 그렇지만 군대에서 근속 30주년은 각별한 의미로 축하받는다. 그 긴 시간동안 아무런 사고 없이 군 생활을 이어왔다는 것 아닌가. 정부에서 상을 주고, 부부 동반으로 여행도 보내 주고, 성대한 축하 파티도 열어 준다. 그런데 우리 사령부에서 나 몰래 '깜짝 영상'을 준비하려 했던가 보다. 가족, 친지, 친구들을 인터뷰해 '근속 30주년 축하 영상 메시지'를 만들려고 은밀히 기획했던 것이다. 그러다 우리 아들의 정체(?)가 알려지고 말았다.

내가 근무하던 작전사에서도 그랬지만, 아들 부대에서도 놀랐던 것 같다. 아빠가 장군인 것이 그리 특별한 일은 아니지만 그 사실을 누구에게도 말하지 않은 것에 부대에서는 좀 놀랐던가 보다. 역시 우리 아들이라는 생각이 들었다.

탄로난 김에 그때 처음으로 아들 면회를 가게 되었다. 서로 1박 2일 휴가를 얻어 아들 부대 근처에서 같이 식사하고, 당구도 치고, 술도 한잔 마시면서 오붓한 시간을 가졌다. 그때야 처음으로 '남자들만의' 이야기도 나눌 수 있었던 것 같다.

문득 옛일이 떠올랐다.

아들이 대학에 갔을 때, 아비를 따라 학군단에 들어갈 생각은 없느냐고 넌지시 물었던 적이 있다. 아들은 단박에 거절했다.

아빠 같은 인생을 살기 싫다는 것이다.

"가족들과 함께하지 못하고 맨날 군대에만 파묻혀 살아야 하잖아요. 저는 그렇게는 못 살아요."

앙칼진 목소리로 거절한 것이 아니라 배시시 웃으며 거절하니 마음이 더 아렸다. 군인이라고 꼭 아빠처럼 살 필요는 없다, 군인으로서의 삶에 영예로운 점이 많다고 설득하고 싶었으나 입을 다물었다.

나중에, 아들과 함께 1박 2일 휴가를 즐기던 날에, 아들에게 툴툴거리며 말했다.

"그때 네가 너무 매정하게 거절하니 좀 그렇더라."

아들이 말했다.

"그게 저예요."

우리 아들에게 이런 내면이 있다는 사실을 처음 알았다. 내가 그동안 아이들을 너무 모르고 살아왔구나 하면서 다시 한번 반성했다. 아내에게 너무 많은 것을 떠넘기며 살았다.

지금 아들은 결혼했다. '이보다 더 가정적일 수는 없는' 남편으로 살아가는 중이다. 내가 하지 못했던 것들을 며느리에게, 그리고 자식들에게 다 해 줄 것이라 믿어 의심치 않는다. 아들이 아비보다 낫다.

14장

= 그럼에도 변하지 않는 것 =

## 사람이 사람을 바꾼다

흔히 군대를 폐쇄적 공동체라고 여긴다. 물론 그러한 측면이 없잖아 있는 것이 사실이다. 군대는 외부인 접근이 쉽지 않은 곳으로, 내부에 있는 사람들끼리 견고한 공동체가 형성된다. 그러나 군인을 세상 물정 모르고 '푸른 군복에 실려 간 꽃다운 청춘' 정도로 여긴다면 그 또한 오산이다.

군대는 의외로(?) 수많은 '새로운' 사람을 만나는 공간이다. 그도 그럴 것이, 징병제 국가인 우리나라에서는 늘 새로운 병사가 부대에 들어온다. 장교도 순환 근무를 하기 때문에 2년 이상

같은 사람과 근무하는 경우가 별로 없다. 만나고 헤어지는 것이 군인의 일상이다.

병사들은 대개 20대 초반이다. 신임 장교도 그렇다. 군대는 그런 청년들과 매일 한솥밥을 먹고, 함께 일하고, 잠도 같이 자는, 동고동락의 현장이다. 그래서 '요즘 젊은이들'을 아는데 군대만큼 좋은 곳도 없다고 장담한다. 10년이면 강산도 변한다는 말이 있다. 내 30여 년 군 생활 동안 강산이 세 번은 바뀌었으니, 그러면서 청년들의 의식이 서서히 바뀌어 가는 과정 또한 '현장'에서 느낄 수 있었다.

군 생활 30년 가운데 '병사들과 함께한다'는 측면에서 가장 기억에 남는 시절은 부산에서 대대장을 했을 때다. 향토사단이라서 그때는 지휘하는 병사 상당수가 상근예비역이었다. 아침에 출근했다가 저녁에 퇴근해 다음 날 다시 돌아오는 병사들이라 문제가 끊이지 않았다. 사고는 대부분 밤에 일어났다. 밤마다 경찰서, 파출소, 헌병대로 뛰어다니며 사고 처리하는 것이 지휘관의 흔한 일상이었다. 물론 상근예비역이 전부 그런 병력 자원인 것은 결코 아니지만, 부모에게 전화가 와서 "우리 아들 좀 사람으로 만들어 달라"고 부탁하는 경우 또한 있었다.

중소형 선박 설계를 하는 부모를 둔 병사가 있었다. 평소에는 말수가 적고 성격도 둥글둥글해 보이는데 술만 마시면 사람이 확 변한다고 했다. '했다'라고 표현하는 이유는 전해 들은 이야기이기 때문이다. 밤에 상근예비역 병사가 어떻게 변하는지, 부대에서는 알 수 없다. 밤에 바깥에서 무슨 일을 일으키더라도 낮에 부대에서 조용하기만 하면 된다고 생각하는 지휘관이 있을 정도였다.

그 병사는 부모가 바쁘니 할아버지 할머니가 오냐오냐 하면서 업어 키웠다고 했다. 그래서 제멋대로이고, 술만 마시면 집어 던지고 때려 부순단다. 부모고 뭐고 위아래도 없고, 제멋대로 막무가내라고 했다. …… 이런 말을 들었지만 낮에 하는 행동으로 봐서는 '설마 저 사람이?' 싶을 정도였다.

어느 날 부대 순찰을 도는데 그 병사가 무기고 경계 근무를 서고 있었다. 그냥 지나치려다 뭔가 느낌이 이상해 가까이 다가갔다. 술 냄새가 풍겼다. "술 마셨어?" 하고 물으니 쭈뼛거리며 "출근 전에 조금 마셨습니다"라고 대답했다. 수상했다. "솔직히 말해봐. 술병 어딨어?" 캐물으니, 세상에, 무기고 위에서 술병이 내려오는 것 아닌가. 조기에 적발했기에 망정이지 큰 사고가 일어날 법한 일이었다.

이 녀석을 어떻게 할까…….

"너 영창 갈래, 내가 시키는 대로 할래?"

예상 밖 제안에 그 병사는 놀라는 눈빛이었다. 대대장에게 걸렸으니 꼼짝없이 처벌을 받겠구나 싶었을 것이다. 그런데 '거절할 수 없는 제안'을 들으니 어리둥절한 것 같았다.

사실 징계는 손쉬운 방법이다. 징계로 처리하는 것을 '원칙적'이라 말할 수도 있겠다. 하지만 이런 사람에게 전과 하나 늘려줘봤자 뭣하겠는가. 징계라는 것은 자신의 잘못을 뉘우치고 앞으로 똑바로 살아가도록 만드는 것이 목적이지 처벌 자체가 목적이 되어서는 안 된다. 또한, 의무 복무를 위해 입대한 젊은이를 범죄자로 만들기보다는 계도를 통해 선량한 시민들로 만들어서 전역시키는 것이 지휘관의 책무이고, 국가를 위해서도 그래야 하는 일이라고 생각했다.

다음 날부터 그 병사에게 예초 작업을 시켰다. 고통스러울 정도로 넓은 범위를 정하진 않고, 적당한 범위를 부여하여 풀을 베도록 지시했다. 그런데 생각했던 것보다 아주 말끔하게 예초 작업을 끝내 놓는 것 아닌가. 잘했다고 칭찬했다. 나중에 범위를 조금 넓혀, 다른 구역 청소나 심부름을 이것저것 시켜보았다. 역시 그때마다 잘했다고 칭찬했다. 실제로 청소를 아주 잘했을뿐더러, 고통을 주는 것이 아니라 훈육이 목적이기 때문에, 마치 공식처럼 '잘했다'고 했다. 다른 대원들 보는 앞에서 "너 때문에 우리 부대가 아주 깨끗해졌구나"라고 고맙다는 말까지 건넸다.

칭찬도 칭찬이지만 매번 그 병사가 대대장실로 불려가 한참 있다가 나오니 동료 병사들이 이런 풍경을 굉장히 희한하게 바라봤던가 보다. 나와 그 사이에 무슨 특별한 관계가 있는 건 아닌가 수군거리는 목소리가 있을 정도라고 했다. 그 병사의 반응이 재밌었다. 대대장이 그리 높은 계급은 아니지만 마치 권력자(?)와 친분이 있다고 과시하는 모양으로 그의 어깨에 힘이 들어가는 것이다. 적당한 선에서 칭찬하고 추어줬다. 조금 친숙해지자 "야, 너는 술만 안 마시면 참 좋을 텐데"라고 흘러가듯 조언을 하기도 했다.

하루는 그 병사가 이렇게 말했다.

"지금껏 살아오면서 선생님에게 칭찬을 받은 적은 이번이 처음입니다."

'선생님'이란 표현이 유난한 느낌으로 다가왔다. 그는 나를 선생님으로 여기고 있었던 것이다. 선생님.

어찌 된 영문인지 그는 하루하루 변했다. 나중에 부모님이 고맙다고 트럭에 수박을 한가득 실어 부대로 보내줄 정도로 개과천선하는 모습을 보였다. 어느 순간부터 부모님을 도와 집안일도 척척 거들고, 마치 사람이 새로 태어난 모양이라나? 굳이 내 영향을 받아서 그랬다기보다는, 그가 철이 들 때가 되었으니 그랬던 것이라고 생각한다.

공교롭게도 그 병사의 이름이 이상철이다. 나랑 이름이 똑

같다. 지금 내 휴대폰에 '이상철(동생)'이라고 저장돼 있다.

간간이 그와 전화 통화를 한다. "형님, 저 이상철입니다"라는 호쾌한 목소리가 휴대폰 너머로 들린다. 이젠 3성 장군 출신을 '형님'으로 두고 있다는 사실을 가문의 영광으로 여기며 사방팔방 자랑하고 다닐 것이다.

동생 이상철은 지금은 서울에서 작은 사업체를 운영한다. 장가가서 아이 낳고 아빠 노릇 하며 잘살고 있다. 34년 동안 여러 사람이 변해가는 모습을 그렇게 지켜보았다. 20대 초반에 병사로 처음 만난 젊은이들이 훌륭한 사회인으로 성장하는 과정을 세월의 흐름 따라 지켜보는 소감은 이루 말할 수 없는 감동이고, 직업적 보람이다. 나는 군인이자 선생님으로 살아왔던 것일까.

### 우직한 약속

부산에서 대대장을 할 때, 해운대에서 기장군에 이르는 30km 구간이 내가 담당하는 경계 구역이었다. 해안에는 소초도 있고, 레이더 기지도 있고, TOD(열상감시장비) 기지도 있다. 낮은 물론이고 밤에도 매복 작전을 하면서 끊임없이 경계 작전을 펼치기 때문에 외부 세력이 침투하지 못하고 우리 국민이 편안히

발 뻗고 잠자리에 들 수 있는 것이라 생각한다.

그곳에서 대대장으로 근무한 24개월 동안, 휴가 기간을 제외하고는 단 하루도 빠지지 않고 해안 순찰을 돌았다. 사실 부산은 '꼭 이렇게까지 해야 할 필요 있는가?'라고 생각하기 쉬운 곳이다. "네가 안 돌아도 아무 문제 없는데 왜 그러느냐"는 말을 여러 번 들었다. 경계 태세를 점검하려는 목적도 있었지만 장병들을 만나고 싶은 이유 또한 있다.

22사단 GOP에서 중대장 생활을 할 때도 그랬다. 밤 12시면 어김없이 일어나 야간 근무를 시작했다. 단 하루도 빠지지 않고 우리 중대가 맡고 있는 철책 구간을 걸어서 순찰했다. 경계 작전 구간에 있는 계단을 세어 보니 모두 2800계단이었다. 그 계단을 매일같이 오르내리며, 소초와 소초 사이를 순찰했다. 처음엔 병사들도 '별난 중대장이 다 있구나' 하다가도, 나중엔 점차 익숙해진다. 그리고 "지휘관이 항상 우리와 함께 있다"는 안정감을 갖기 마련이다. 다정함이 없는 원칙은 지나친 구속으로 다가오지만, 인간적인 따뜻함을 갖추면 진심 어린 정성으로 해석된다.

소초를 옮겨 다니며 병사들과 이야기를 나눴다. 여자 친구와 헤어졌다든지, 집안에 어려움이 있다든지, 부모님이 무슨 불치의 병을 앓고 계신다든지 하는 사연들을 들었다. 그런 이야기를 들을 때면 조용히 적어 놨다가 나중에 그 병사가 근무 서는 시간에 다시 가서 물었다. 요즘 어머니는 어떠시냐. 치료는 제대로 받고 계시냐. 가정 형편은 좀 나아졌다고 하더냐. 그런 말 한마디에 병사들은 자신이 특별한 사람으로 대우받는다는 느낌에 굉장히 고마워하는 표정을 짓는다. 30km 해안 순찰을 돌고 2800계단 휴전선 철책을 오르내렸던 이유는 소초를 찾으러 간 것이 아니라 사람을 만나러 가는 목적이었다. 경계는 소초가 하는 것이 아니라 사람이 하는 것이기 때문이다.

다양한 청년들을 군대에서 만났다. 국내 유수 대학을 다니다 입대한 청년이 있는 반면, 학창 시절 온갖 사고를 치면서 간신히 졸업장을 받은 이른바 문제아 출신도 있었다. 아이 셋을 낳고 군대에 온 병사가 있는가 하면, 여자 친구와 헤어졌다는 이유로 극단적 선택을 고민하는 병사도 있었다. 세상에 어떻게 이렇게 반듯한 청년이 있을까 싶은 병사가 있는가 하면, 이 친구는 앞으로 정상적인 사회생활을 할 수 있을까 걱정했던 병사도 있었다. 부모가 대단한 재력가라는 소문을 들은 병사가 있는가 하면, 얼마 되지도 않는 급여를 몽땅 집으로 보내 주는 바람에 갑작스런 휴가를 받자 차비가 없어 쩔쩔매는 병사가 있기도 했다. 군대는 그러한 사람의 보고(寶庫), 세상의 축소판이다.

시대가 달라지면서 청년들의 의식이 바뀌고, 군대도 달라지는 것을 느낀다. 예전 군대는 기강이 좀 있어 보이기는 했다. 그런 이면에는 엄격한 통제와 보이지 않는 가혹 행위 등이 있었고, 그러한 통제와 가혹 행위가 특별히 문제가 있다고 생각하지 않던 시대적 분위기가 있었다. 지금은, 어떤 측면에서는, '자유가 너무 지나친 것 아닌가' 싶은 군대가 되었다. 시대가 바뀌었으니 변화의 흐름을 자연스럽게 받아들여야 하지 않을까 싶다가도, 이건 원칙을 너무 무너뜨리는 것 아닌가 하는 걱정 속에 갈등하기도 한다. 바뀌어야 할 것과 바뀌지 말아야 할 것에 대한 고민 가운데 성장하는 공간이 군대다.

세상에 널리 알려지지는 않았지만, 시대가 바뀌었어도 바뀌지 않는 것들을 군대에서 목격하기도 한다.

내가 최전방에서 사단장을 하던 때, 신기한(?) 보고가 올라오곤 했다. GP에 근무하는 병사가 전역을 연기하겠다는 것이다. 전역을 앞당겨 달라는 것도 아니고, 몇 달 더 군대에 있게 해 달라니 이게 무슨 영문인가 했다. 알다시피 GP는 한번 투입되면 임무를 완수할 때까지 빠져나오기 힘든 곳이다. 소수가 근무하다 보니 전역자가 생기면 공백을 다른 전우가 메워야 한다. 교체 근무도 까다로운 곳이다. 전우들에게 폐를 끼치지 않기 위해, 한번 부여받은 작전 임무를 함께 완수하기 위해, 자신의 전역까지 연기하겠다는 것이다. 별을 달고 있는 장군으로서도 가슴 뭉클

한 사연이었다.

이런 사례는 내가 사단장을 맡았던 부대에서만 탄생하는 미담이 아니라 전국 많은 부대에서 오늘도 이어지는 일이다. 전역을 수십 일 연기하는 병사가 있고, 전역 휴가를 아예 반납하는 병사마저 있다. 그런 사연을 들을 때면 요즘 젊은이들의 안보 의식이 어떻고 하는 외부의 걱정이 섣부른 예단이나 기우처럼 들린다. 그분들이 요즘 군대, 요즘 젊은이들을 너무 모르고 있구나 싶을 정도다.

물론 과거와는 많이 달라진 병영 문화와 안보 의식을 군대에서 체감한다. 내 아버지 세대는 투철한 반공 의식을 필수적인 안보관으로 여겼다. 내가 자라날 때도 그랬다. 전쟁을 치른 세대였고, 공산주의자들에게 직접 피해를 입은 세대였으며, 그렇게 피해를 입은 어른들에게서 "네 부모의 원수를 갚아라"는 당부의 말씀을 듣고 자란 세대다.

지금 청년들에게 공산주의란, 반공이란, 먼 옛날이야기다. 그것은 그들이 공산주의를 찬동해서 그런 것도, 반공이 뭔지 몰라 그런 것도 아니다. 그때와 지금의 과녁이 달라졌을 따름이다. 현실 세계에서의 공산주의가 산산이 무너지고, 북한도 공산주의가 아니라 그저 진부한 봉건 세습 왕조가 된 마당에, 누가 우리가 북한 정권에게 점령당할 수도 있다고 생각하겠는가. 군사적

공격을 받을 수는 있겠지만 우리의 안보 태세는 그들의 도발을 물리칠 것이고, 원숙한 민주 시민 의식은 북한의 이념적 점령을 결코 허용하지 않을 것이다. 남북의 격차는 이제 문명적 격차가 되었다.

그래서 요즘 젊은이들에게는 반공이나 애국이라는 말보다 '나와 내 가족이 살아가는 시민 공동체를 지키겠다'는 열정이 더욱 커 보인다. 나는 그런 열정의 크기가 지난날 반공 의지보다 결코 왜소하거나 가치가 없다고 생각지 않는다. 지난 30여 년 동안 그렇게 가치관이 변해 가는 과정을 목도했고, '안심해도 될 정도'라고 감히 자신할 수 있다.

화살머리고지에서 유해 발굴 작전을 펼치면서 그 '변하지 않은 것들'의 실체를 분명히 확인할 수 있었다.

아침마다 발굴단 장병들은 작전에 투입되기 전에 "그들을 조국의 품으로!"라고 씩씩하게 외쳤다. 평소에는 자유분방한 듯 보이다가도 일단 작전에 투입되면 질서정연하게 현장에 들어가 각자의 자리에서 자기 역할을 책임 있게 완수하는 사람들이 요즘 젊은이들이다. 20kg이 넘는 장비를 몸에 걸치고 체감 온도가 섭씨 40도를 넘나드는 무더위 속에 땀을 비 오듯 흘리면서도 자신의 임무를 소홀히 하지 않았다.

호미로 조심조심 바닥을 긁고 붓으로 한 점 한 점 털어가며

70년 전 유해 조각을 건져내던 진지한 눈망울을 기억한다. "이런 소중한 기회를 주셔서 고맙습니다"라고 소감을 밝히던 선량한 목소리들을 잊지 않는다. 이런 풍경이 여전히 생생히 살아 있기 때문에 오늘 우리가, 내 아들과 딸의 세상이 존재하는 것 아닐까, 하고 생각한다. 내 자녀의 아이들, 그 아이들의 아이들 세상도 흔들림 없이 이어질 것이라고 굳게 믿으며 살고 있다. 그런 측면에서 당신은 안심하는 마음을 가져도 되는 것이고, 나는 그 안심을 보증하는 직업을 가졌던 것이라고 자랑하고 싶다.

이상철이란 이름이 워낙 흔해서 재밌는 일들이 많았다. 그 이름 덕분에 다른 사람으로 오인받아 예상치 못한 곳에 발령받은 적이 있고, 이상철이란 이름과 호형호제하는 사이로 지내기도 한다.

이름은 외피일 뿐이고, 우리는 모두 '사람'이란 공통점 가운데 오늘을 산다. 내가 기본을 지키는 만큼 다른 사람도 기본을 지킬 것이라는 믿음 가운데, 우직한 약속 가운데, 세상은 톱니바퀴처럼 돌아가는 것 아닐까.

변하지 않는 것들이 우리를 지켜왔고, 바꾸어야 할 것들이 바뀌면서 또 우리를 지켜왔다. 그런 순리를 믿는다.

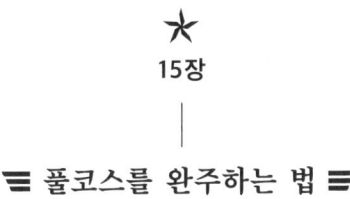

# 15장
## 풀코스를 완주하는 법

### 국민의 명령에 따라야 할 분명한 의무

'선택이 옳았을까?'

인생을 살다 보면 이러한 갈등과 후회를 하는 경우가 많다. 선택하는 순간에 갈등하는 경우가 있고, 이미 선택하고선 뒤돌아 후회하는 경우도 있다. 내겐 34년 군 생활의 마지막 몇 년이 그러한 고민과 갈등의 시간이었다. 어떻게 하면 유종의 미를 거둘 수 있을까, 하는.

별 셋이 되었다. 3성 장군이 되어 내가 맡은 첫 보직은 군사안보지원사령관이었다. 군사안보지원사령부는 지금은 방첩사령부라는 이름으로 있고, 예전에는 기무사령부였으며, 그전에는 보안사령부였다. 이름이 몇 번 바뀐 것에서 알 수 있듯 역사의 상처를 안고 있는 조직이다. 6.25전쟁이 한창이던 1950년 10월 설립된 특무부대에 뿌리를 두고 있다.

군대의 방첩 기능은 말 그대로 특무(特務), 특수한 임무다. 세계 어느 나라 군대든 필수적으로 갖고 있는 조직 기능이다. 군대 내부에 잠입한 간첩을 색출하는 임무를 한쪽 바퀴로 삼고, 우리도 여러 수단과 방법을 통해 적국의 정보를 취득하는 역할을 다른 한쪽 바퀴로 삼는다. 누가 이런 조직을 필요 없다 하겠는가. 한국의 방첩사는 대통령 경호 업무를 지원하는 역할까지 담당한다.

고질적인 문제는, 조직의 성격과 기능답게, 외부에서의 감찰이나 견제가 쉽지 않다는 점에 있다. 그래서 때로 막강한 위세를 자랑하는 권력이 되었다. 군대 내에서만 그런 권력을 행사한다면 그저 내부 문제라 취급할 수 있는데, 권력을 바깥에까지 휘두른다면 국가적인 문제가 된다.

알다시피 보안사령관 출신이 우리나라 대통령이 되는 씁쓸한 역사가 있었다. 정권이 바뀔 때마다 대통령이 군대 내에서 가장 신임할 수 있는 인물을 보안사령관 또는 기무사령관 자리에 앉히는 전례도 있었다. 권력의 속성 가운데 하나는 스스로를 제

어할 수 없다는 데 있다. 권력자는 '정보'를 무기로 권력을 휘두르려는 욕심을 부린다.

내가 사령관을 맡기 몇 해 전, 기무사령부가 '계엄령 문건'을 작성했다는 논란이 있었다. 쿠데타, 내전, 반란, 폭동 등으로 국가가 정상적 운영이 힘들다고 판단될 때 국가원수가 선포하는 그 계엄령 말이다. 그 사건이 있을 때 우리나라는 대통령 탄핵을 둘러싸고 대규모 시위가 이어지면서 정치적 혼란이 거듭되고 있었다. 그런 상황에 군이 어떻게 대응할 것인지, 주무 기관인 기무사령부가 모든 경우의 수를 펼쳐 놓고 원론적 차원에서 문건을 작성했다는 해명이 있는가 하면, 쿠데타를 막는 것을 임무로 하는 조직이 군사정변을 획책했던 것은 아닌가 하는 비판 또한 거셌다. 결국 정권이 바뀌면서 기무사는 해체되었다. 군사안보지원사령부라는 이름으로 격하되었다. 그저 '지원'할 뿐인 조직이라는 속뜻이다. 그렇게 조직이 격하되었을 때, 나는 사령관직을 맡게 되었다.

사기가 바닥에 떨어져 있는 조직을 이끌어야 하는 지휘관의 심정은 이루 말할 수 없을 정도다. 그런 조직을 이미 몇 차례 맡아봤기 때문에 이번에도 잘 할 수 있을 것이라는 기본적인 자신감은 있었지만 이번은 예전과 달랐다. 과거에 경험했던 조직들과 규모와 성격 자체가 달랐다. 처음 경험하는 중대한 도전이었다. 그것도 군 생활의 막바지에.

내게 왜 이런 시련을 주시나, 싶을 정도였다.

"사령관이 되어 달라는 제안을 거절하지 그랬어?"

주위의 충고를 여러 번 들었다.

"안보지원사령관을 맡지 않았더라면 4성 장군이 되었을 수도 있었을 텐데……."

나중에 안타깝게 말씀하시는 분들도 계셨다.

그러나 군인에게 선택권이 어디 있는가. 군인으로 34년을 살아오는 동안 대통령이 여덟 번 바뀌었다. 어떤 대통령이 되었든 '대한민국 대통령'이었고, '국군통수권자의 명령에 따른다'는 생각으로 그분들을 대했지 대통령에 대한 (혹은 정권에 대한) 개인적 호불호를 기준으로 명령을 취사선택한 적은 없다. 군인은 결코 그래서는 안 되는 존재고, 만약 군인이 그러하다면 그 나라의 운명은 기운 것이다. 군인은 국가의 정체성을 지키는 마지막 보루다.

조직은 격하되었지만 과거에는 최고권력자의 최측근이 맡았던 자리라서, 그 자리를 맡게 된 것을 뒤돌아 후회하지 않았다면, 전혀 후회하지 않았다면, 그 또한 거짓말일 것이다. 안보지원사령관 자리를 거치지 않았다면 내 운명이 조금은 더 달라졌을 텐데 하는 생각을 아주 잠깐이나마 했던 적도 있다. 3성 장군이 맡을 수 있는 보직이 많은데 왜 하필 그 자리였을까, 왜 하필 나였을까.

그러나 역시 군인에게는 선택권이 없다. 국군통수권자의 명령에 따라야 할, 아니 국민의 명령에 따라야 할 분명한 의무만이 존재할 따름이다.

## 가장 잘하는 것에 집중하자

안보지원사령관으로서 내가 했던 일을 구체적으로 밝힐 수는 없다. 군인으로서 겪은 많은 에피소드가 그렇지만 안보지원사령관의 경우는 더욱 그렇다. 부대의 분위기를 전하는 것만으로도 경계할 일이다.

다만 내가 보직을 받고 결심했던 것이 하나 있다. 새로운 능력을 발휘하려고 애쓰는 것도 좋지만, 그동안 내가 잘해 왔던 것, 앞으로도 잘할 수 있는 것에 중점을 두자는 결심이었다. 그건 마치 결승전에 올라온 운동선수의 다짐과도 같은 것이다. 새로운 기술을 보여 주는 것보다 내가 가장 잘하는 것에 집중하자.

작전처장 때부터 내가 해 왔던 것은 오피스 미팅이었다. 특별한 건 아니고, 지휘관이 직접 각 부서 사무실에 가서, 그 부서

구성원 전체와 미팅을 하는 것이다. 장교는 물론이고 부사관, 실무자, 병사까지 모두 한자리에 모이도록 했다. 위관장교, 영관장교 모두를 만날 수 있는 흔치 않은 기회고, 각자의 역할이 무엇이고 지금 어떤 임무를 수행하고 있으며 서로의 임무가 유기적으로 결합되어 있는지를 종합적으로 살필 수 있는 기회다. 일단 한자리에 모이는 것만으로도, 서로를 바라보는 눈빛만으로도, 해당 부서의 분위기가 한눈에 읽힌다. 구성원들이 제대로 소통하고 있는지, 어색하고 차단된 느낌의 부서는 아닌지, 사무실의 공기로 먼저 읽을 수 있다.

 최상급 지휘관이 그런 문제에 관심을 가지면 조직은 자연스레 건강해지기 마련이다. 일단은 분위기 자체가 일신되고, 작은 공간 안에서 한두 명이 전횡을 일삼는 토양이 일정 부분 제거된다. 지휘관이 그저 임기만 채우려고 그 자리에 온 것이 아니라 정말 '일'을 하려고 온 사람이라는 사실을 조직 전체가 직감하게 된다. 일하려는 사람들로 채워진 조직과 눈치 보며 자리만 보전하려는 사람들이 모여 있는 조직은 하늘과 땅 차이만큼이나 다른 결과를 낳는다.

 사단장을 할 때도 그렇고, 제2작전사 작전처장을 할 때도 그렇고, 안보지원사령관을 할 때도 그랬다. 오피스 미팅을 실시했다.

안보지원사령관일 때는 사령부 참모 가운데 오피스 미팅을 반대하는 참모도 있었다. 안보지원사령부에서는 사령관이 거의 신적인 존재로 통하고 있었다. '하늘 같은' 사령관님이 일반 간부나 병사를 직접 만나면 령(슈)이 서지 않을 수 있으니 오피스 미팅은 자제해 달라는 것이다. 사령관이 직접 사무실을 다니면서 실무자들을 만나는 일은 사령부 창설 이래 처음 있는 일이라고도 했다. 최초라면 더 좋은 일 아닌가. 내가 함께 일하는 실무자들의 얼굴 하나 모르면서 내 집무실에만 머물러 있는 껍데기 사령관은 되기 싫다고 오피스 미팅을 강행했다.

사령관이 거주하는 공관과 병사들의 막사가 그리 멀지 않았다. 공관을 오갈 때 병사들이 있는 곳에 종종 들렀다. 중간에 정자가 하나 있었는데 거기 앉아서 이야기도 하고, 주말에는 병사들과 족구, 배구, 풋살 등을 하며 어울렸다. 사령관이 병사들과 운동장에서 공을 차고 있으니까 처음에는 당직사령이 뛰어나오고, 그야말로 호들갑이었다. 혹시라도 사령관이 부상이라도 입을까 싶었는지 대령 계급장을 단 간부들까지 뛰어나와 운동경기를 관전했는데, 몇 개월 지나니 내가 운동장에 들어서도 그저 그러려니 하면서 자기 할 일만 했다. 그게 정상 아닌가.

그러다 정권이 바뀌면서 나는 지상작전사령부 참모장으로 발령이 났다. 정권이 바뀌면 군대 내에서는 먼저 육해공군 참모

총장이 바뀌고, 뒤이어 3성 장군 보직이 변경된다. 내가 다른 임무를 맡게 될 것이라는 사실은 국방부장관이 통보해 주었다. 이미 예상했던 일이었기 때문에 담담했다. 이임사 초안을 작성하는 비서실장에게 감정적인 내용은 절대 넣지 말고 담담하게, 그리고 명예롭게 자리를 옮기는 각오를 담아 초안을 잡아 달라고 부탁했다.

이임식을 마치고 사령부를 떠났다. 30여 년 풍경이 오버랩됐다. 사령부 본청에서 위병소 앞까지 안보지원사령부 모든 부대원들이 한 명도 퇴근하지 않고 일렬로 도열해 환송해 주었다. 한 명 한 명 부대원들과 악수했다. 첫 중대장을 맡았던 시절 대원들의 눈물 속에 부대를 떠나던 날의 기억이 떠올랐다. 중대장이나, 사령관이나, 크게 다를 것은 없었다. 그렇게 30여 년을 살았다.

정치의 소용돌이 속에 영문도 모른 채 평지풍파를 겪었던 사령부 구성원들이 군인으로서의 명예를 계속 지켜 나가길 바랄 뿐이었다. 그게 안보지원사령관으로서 7개월 12일 동안 내가 했던 일의 거의 전부다.

## 마라토너가 되는 출발점

흔히 인생을 마라톤에 비유한다. 42.195km라는 긴 거리를 뛰는 마라톤이 우리 인생과 비슷한 점이 많다는 것이다. 마라톤 풀코스를 여러 번 완주해 본 사람으로서, '인생은 마라톤'이라는 비유는 제법 적절하다고 인정해 줄 수 있다.

마라톤 풀코스를 도대체 어떻게 뛰느냐, 강철 체력을 갖게 된 비결은 무엇이냐는 질문을 종종 듣는다. 자신도 마라톤에 도전해 보고 싶은데 '완주 비법' 같은 것이 있느냐는 질문도 자주 듣는다.

"마라톤 풀코스를 완주하려면 10km를 유쾌하게 뛸 수 있는 체력을 갖추면 됩니다."

나는 일단 이렇게 대답해 준다. 간단히 생각해 보아도 그렇지 않은가. 10km를 웃으며 뛸 수 있는 사람이라면, '마라톤 풀코스 = 10km를 네 번 뛰는 것'이라는 공식이 생기게 된다. 매일 10km를 달리는 사람이라면, "까짓것, 나흘치 한꺼번에 뛰면 되지!"라는 식으로 마라톤 자체에 겁을 내지 않는 것이다. 이렇게 대답하면 질문자는 '엉뚱한 답변을 들었다'는 표정으로 허탈한 눈빛을 보인다. 하지만 사실이 그렇다.

10km를 '가볍게' 뛸 수 있는 체력을 갖추는 것. 물론 그것이

쉽지는 않다. 하지만 마라톤 풀코스를 뛰기 위해 기본에 가까운 조건이다. 그러한 체력을 갖췄을 때 부상 입지 않고, 몸을 해치지 않으면서, 건강한 마라톤을 할 수 있다.

웬만한 사람이라면 6개월에서 1년 정도 꾸준히 달리기를 하다 보면 10㎞쯤 뛸 수 있는 체력이 생긴다. 물론 처음부터 10㎞를 채우려는 욕심을 부릴 필요는 없고, 그래서도 안 된다. 처음에는 1㎞, 아니 500미터에서 시작할 수도 있다. 100미터만 뛰어도 숨이 턱까지 차오르는 사람도 있으리라. 그렇게 매일 뛰는 거리가 2㎞가 되고, 3㎞가 되고, 5㎞, 8㎞가 되고, 자신의 한계를 늘려 나가다 보면 어느새 10㎞에 닿아 있다.

10㎞를 거의 매일 뛸 수 있는 체력을 갖추면 '다른 세상'이 열린다. 당신이 10㎞를 뛸 수 있게 된다면, 누가 시키지 않아도, 기록에 대한 욕심이 생긴다. 다른 사람과의 경쟁에 대한 욕심이 아니라, '자기' 기록에 대한 욕심 말이다. 10㎞를 자주 달리다 보면 '다음에는 1시간 안에 뛸 수 있겠는데?' '50분 안에 뛸 수 있겠는데?' 하는 자신감이 생긴다. 그래서 자기 자신과 경쟁하는 달리기를 하게 된다. 욕심과 자신감은 10㎞를 뛸 수 있는 체력을 갖추는 과정에 거의 자연스럽게 생겨난다.

그리하여 10㎞를 가볍게 뛸 수 있게 된다면, '42.195㎞쯤이야!' 하는 용기가 생긴다. 그게 바로 마라토너가 되는 출발점이다.

'마라토너'라고 하니까 뭔가 대단한 육상 선수를 연상하기 쉽지만, 평균 이상 체력을 갖춘 사람이라면 누구나 마라토너가 될 수 있다. 연중 숱하게 열리는 마라톤 대회에 수천 수만 명 마라토너가 참가하는 것을 보면 우리나라의 마라톤 인구도 그리 적은 편은 아니다. 당신도 그중 한 명이 되어 보시라.

느닷없는 마라톤 예찬이 되었는데, 내 34년 군 생활을 되돌아보니 마라톤 같았다는 생각이 든다.

"34년 군 생활을 이어온 비결은 무엇입니까?"

이런 질문을 종종 듣는데, 마라톤 풀코스를 뛸 수 있는 비결을 묻는 질문과 비슷한 답변을 해 주곤 한다.

"10년을 뛸 수 있는 마음가짐을 갖추면 됩니다."

10년을 고작 3번 반복해, 나는 30여 년 군 생활을 마쳤을 따름이다.

어렸을 때부터 나는 "커서 장군이 되어라"는 어른들의 말씀을 듣고 자랐다. 그 말씀은 내게 '10㎞를 뛸 수 있는 체력' 같은 것이 아니었나 싶다. 혹여 그것은 욕심이었지만, 나중에는 자신감이 되었고, 일단 장군이 되고 나서는 '꿈을 이루었으니 소신 있게 살겠다'는 용기가 되었다.

욕심, 자신감, 그리고 용기. 마라톤에 있어서나 인생에 있어서나 꼭 필요한 조건인 것 같다. 그래서 어떠한 선택에도 후회하지 않는다.

마라톤과 인생에는 비슷한 점이 또 하나 있다.

마라톤은 대체로 완주했다는 것 자체에 의미를 둔다. 마라톤을 직업으로 삼는 육상 선수가 아닌 이상, 일반적인 마라토너들은 '완주했다'에 의미를 두지 기록을 갖고 다투지는 않는다. 3시간대에 마라톤 결승선을 통과한 사람이 4시간대에 들어오는 주자를 비웃지는 않는다. 풀코스 참가자가 하프 코스 참가자를 비웃지도 않는다. 그저 박수를 쳐줄 뿐. "모두 수고했다"고.

마라톤과 인생에는 다른 점도 있다.

육상 마라톤에는 정해진 거리가 있지만, 인생의 마라톤에는 정해진 거리가 없다는 사실이다. 각자 자신의 거리를 달릴 따름이다.

곰곰이 돌아보면 나는 지금 42.195km 인생 마라톤의 절반 정도를 달려왔을 뿐 아닌가 싶다. 아직 나머지 '하프'가 남아 있는 것이다. 전반부 20km를 달려왔던 용기와 소신대로 나머지 20km를 달려갈 마음의 준비를 다진다.

10년이면 강산도 변한다고 인생에서 10년은 무척 길게 느껴지는 시간이다. 그러나 돌아보면 후딱 지나가 버린 시간이기도 하다. 그렇게 10년 단위로 내가 살아갈 마음의 체력을 다지다 보면 어느덧 인생의 결승점에도 다가가 있으리라. 나는 지금 나머지 10년, 그다음 10년을 준비하는 중이다.

나를 있게 해 준 모든 결심에 감사한다.

에필로그

# 무엇을 지켰나

34년 군 생활을 마치고 전역한 지 1년 되는 날. 이제는 전역일이 기념일이 되어 가족 친지들이 한자리에 모인다.

평택 사는 딸이 "어머니 아빠, 저 왔어요!" 하며 들어오고, 같은 평택에 사는 아들도 며느리와 함께 현관문을 두드린다. 아들네가 이번에 아이를 가졌다고, 그것도 쌍둥이를 가졌다고 알려줘 경사가 겹쳤다.

전방 5사단 사단장을 맡으며 화살머리고지 유해 발굴 작전을 지휘하던 때, 나는 나만의 비밀 작전을 또 하나 수행하는 중이었다. 딸과 마음을 잇는 작전이랄까. 그 무렵이 딸과의 관계에 있어 가장 기억에 남는 때가 아닌가 싶다.

그때 나는 경기도 연천에 있는 사단장 관사에 살고 있었고, 딸은 당시에 의정부에 있는 회사에 다녔다. 우리 집은 대구에 있었는데, 딸은 주말마다 연천에 왔다. 대구까지는 거리가 머니, 가까운 연천을 택한 것이다. 이때가 기회다 싶었다.

딸은 매주 금요일 저녁에 왔다가 일요일 오후에 의정부로 돌아갔다. 이번 주말에는 딸이랑 뭘 먹을까, 어디를 갈까, 주중에 일하는 틈틈이 그런 걸 계획하는 것이 큰 즐거움이었다. 목요일 쯤 되면 장을 보고, 앞치마를 둘러매고 음식을 준비하고, 토요일엔 손수 운전해 주위에 경치 좋은 곳을 찾아다니고, 한적한 카페에서 단 둘이 호젓하게 커피를 마시기도 했다. 딸의 마음을 공략하기 위한 대포를 쏘아 댔다.

딸도 그때가 새록새록 기억에 돋는지 아직도 종종 그 시절을 이야기한다. 아빠랑 가까워질 수 있는 계기가 되었다고, 아빠를 온전히 이해할 수 있게 된 시기라고 추억한다. 작-전-성-공.

전역 1주년을 맞은 날, 가족 친지들이 모두 모인 자리에서 딸이 말했다. "34년 동안 오로지 군인의 외길을 걸었던 아빠가 자랑스러워요." 1주년 기념사 같은 인사말이었다. 명색이 별 셋을 달았던 장군이, 사람들 앞에서 울 뻔했다. 인생 대성공.

가족 친지들이 모였지만 비어 있는 한 자리가 서럽다. 어머니가 돌아가신 지도 2년이 지나가는 중이지만 여전히 빈자리가 휑하다. 그럼에도 마음의 빈 공간은 새로 태어날 생명들이 차차 채워 나갈 것이라고 믿는다.

아버지는 치매 진단을 받으셨다. 갈수록 판단 능력이 후퇴해, 이젠 초등학생 정도 지능을 갖고 계신다. 발가락 어딘가엔 여전히 60년 전 수류탄 파편의 흔적이 남아 있을 테지만, 아버지의 기억은 시나브로 흔적을 감추는 중이다. 그럼에도 평생 부지런히 살아오셨던 농군의 습관은 여전히 생활에 남아, 아침 일찍 일어나 방안을 쓸고 닦고 하신다.

장인도 이젠 팔순을 넘긴 연세가 되었다. 속사랑은 깊어도 겉으로 보여 주는 사랑은 드물었던 분이라 장모님과 딸 넷 앞에 언제나 엄격한 분이었는데, 지금은 5대 1의 구도 앞에 말랑말랑한 할아버지로 변모하셨다. 그럼에도 집안의 지혜로운 좌장 역할은 여전하시다. 오래오래 그 역할을 계속해 주시길 바랄 따름이다.

우리 형은 문화재청 전문 위원으로 전주 이씨 종친회에서 중요한 역할을 맡아 종묘 대제 같은 큰 행사를 진행한다. 조선 시대 제복을 입고 양관을 쓰고 제문을 읽는 형의 모습을 보면 형의 동생임이 자랑스럽다. 동생들은 각자 직장 생활의 끝자락에 서 있는 중이고, 형수님과 제수씨들도 고운 중년으로 익어 가는 중이다.

형과 막냇동생은 딸을 둘씩 낳았고, 셋째는 아들 둘을 낳았다. 조카들이 커서 차례로 결혼 준비를 하거나 대학에 다니는 중이고 가족 모임을 할 때면 집안이 아주 떠들썩하다. 매년 전역 기념일에 모이는 숫자도 해마다 늘어날 것이다. 경제적으로 큰 부자가 되지는 못했지만 이만하면 우리 집안은 '갑부 집안' 아닌가 싶을 정도로 평온한 가족을 이루었다.

거실에 모인 대가족의 모습을 보면서 지난날을 돌아본다.

나는 무엇을 지키기 위해 30년 넘게 군복을 입었던 것인가.

바로 이런 풍경을 지키기 위한 목적이 아니었던가 싶다.

지금 이 순간에도 우리의 오늘을 지켜 주고 있는 선후배 군인들에게 경의를 표한다. 화살머리고지에 묻혀 있는, 대한민국 영토 곳곳에 소리 없이 잠들어 계시는, 호국영령들에게 감사 인사를 드린다. 누구보다 아내에게 고맙다는 인사를 전하고, 30여 년 군 생활을 이어갈 수 있는 원동력이 되어 준 가족과 친지들에게 감사드린다.

쌍둥이 손주들 이름을 뭘로 지을지, 요즘엔 그것을 고민하는 중이다.

사랑하는 딸 은우에게

처음엔 34년 군 생활을 정리해 보고 싶다는 소박한 욕망에 펜을 들었는데 어쩌다 여기까지 오게 되었구나. 군인으로서 삶뿐 아니라 인생 전반을 돌아보는 소중한 계기가 되었다. 무엇보다, 글을 쓰면서 가족의 소중함을 새삼 되새기게 되었다. 가족이 있어 여기까지 왔구나, 글을 쓰는 일은 이렇게 사람에게 위로와 깨달음을 주는구나, 하는 것을 느끼는 과정이었다.

글을 쓰는 동안 큰 변화가 있었다. 우연한 계기로 정치권에 잠깐 발을 담그게 되었지. 이를테면 아빠의 외도였던 셈이다. 평생 직장과 가족밖에 모르고 살던 사람이 정치라는 것을 해 보겠다고 선언하니 모두 깜짝 놀랐지만, 그럼에도 선거가 시작되자 누구보다 열심히 도왔던 사람들이 우리 가족이었다.

평생 조용한 내조자로 살았던 네 어머니는 어디서 그런 에너지가 솟았는지 나보다 더 열심히 거리를 누비며 시민들에게 인사하고, 명함을 돌리고, 그래서 내가 "당신이 출마해도 되겠구려"라고 했을 정도였다. 민우 내외는 1개월 휴직계를 내고 선거 운동을 도왔고, 은우 너도 회사에서 직무를 대체할 인원이 없어 동동 발을 구르는 와중에도 온 주말을 쏟아 주었고 마지막 열흘 동안은 아예 휴직계를 내고 달려와 1등 선거 운동원이 되어 주었지. 나는 그때의 선거 운동이 내 정치 입문이 아니라 '우리 가족 단합 대회'처럼 느껴진다.

글쓰기 막바지엔 황당무계한 일도 있었다. 대통령이 비상계엄령을 선포해 국회와 선거관리위원회에 군대를 투입한, 세상을 놀라게 만든 사건이었다. 그때 아빠는 정말 억장이 무너지고, 내가 살아온 34년의 삶이 송두리째 부정당하는 느낌이었다. TV 화면에 나오는 지휘관이 모두 아빠의 친구이자 동료, 과거 부하들이었거든. 막역한 후배도 있었다. 물론 그중에는 군 생활을 할 때에도 '저는 왜 저럴까' 싶은 사람도 있었지만, 대부분은 아빠처럼 군대와 가족밖에 모르고 살아가는 선량한 사람들이었다.

그들이 군 통수권자를 잘못 만나 그런 수모를 당하는 모습을 보면서 극심한 자괴감을 느끼고, 아빠가 잠깐 몸담았던 정당에서 탈당하겠다는 선언까지 하게 되었지. 섣불리 정치권의 손짓에 응했던 것이 아빠의 실수였다면, 잘못을 인정하고 얼른 그곳을 빠져나온 것은 그나마 아빠가 잘한 일 같구나.

그럼에도 불구하고 전역 후에도 대한민국을 위해 무언가 소중한 일을 하고 싶다는 내 생각에는 여전히 변함이 없단다. 어쩌면 그것은 평생 간직했던 직업적 사명감과도 관련 있는 사고방식인 것 같구나. 나보다도 공동체의 안녕과 발전을 돌아보게 되는, 직업적 습관과도 같은 소명 말이다.

아무튼 아빠는 군의 명예가 더 이상 더럽혀지지 않았으면 하는 바람뿐이고, 지금도 현장을 지키고 있는 후배들이 용기와 사명감을 잃지 않았으면 하는 소망뿐이다. 내가 한 글자 한 글자 또박또박 써 내려간 이 원고가 독자들에게 그러한 메시지로 다가갔으면 하는 바람을 함께 갖는다.

은우야. 최전방 GOP에서 중대장 생활을 할 때 너를 낳았지. 6개월 철책 근무 마치고 돌아와 너를 꼭 껴안았을 때 세상을 다 가진 기분이었다. 그런 네가 이제 서른의 나이가 되었으니 세월이 참 유수와 같이 흘렀구나. 꼬물꼬물 옹알옹알 내 품에 안겨 있던 그 순간부터 어엿한 사회인이 되어 주말마다 차를 몰고 집에 찾아오는 지금까지 내가 너에게 변함없는 것이 하나 있다. 그것은 세상 모든 아빠가 딸에게, 그리고 아들에게 갖는 마음과 똑같은 생김새의 마음이다.

"사랑한다. 그리고 고맙다."

이 말을 꼭 책 끝에 남기고 싶구나.

# 38°17′21.9″

**DMZ에서 나는 인간에 대한 예의를 배웠다**

**초판 1쇄 인쇄일** 2025년 4월 2일
**초판 1쇄 발행일** 2025년 4월 9일

**지은이** 이상철

**발행인** 조윤성

**편집** 김화평 **디자인** 김영중 **마케팅** 최기현
**발행처** ㈜SIGONGSA **주소** 서울시 성동구 광나루로 172 린하우스 4층(우편번호 04791)
**대표전화** 02-3486-6877 **팩스(주문)** 02-598-4245
**홈페이지** www.sigongsa.com / www.sigongjunior.com

글 ⓒ 이상철, 2025

이 책의 출판권은 ㈜SIGONGSA에 있습니다. 저작권법에 의해
한국 내에서 보호받는 저작물이므로 무단 전재와 무단 복제를 금합니다.

ISBN 979-11-7125-810-9 03810

*SIGONGSA는 시공간을 넘는 무한한 콘텐츠 세상을 만듭니다.
*SIGONGSA는 더 나은 내일을 함께 만들 여러분의 소중한 의견을 기다립니다.
*잘못 만들어진 책은 구입하신 곳에서 바꾸어 드립니다.

┌─ **WEPUB** 원스톱 출판 투고 플랫폼 '위펍' _wepub.kr ─┐
위펍은 다양한 콘텐츠 발굴과 확장의 기회를 높여주는
SIGONGSA의 출판IP 투고·매칭 플랫폼입니다.